EMOTIONALE ABHÄNGIGKEIT

EIN KOMPLETTER LEITFADEN, UM DAS LEIDEN IN DER LIEBE ZU BEENDEN UND EINE GLÜCKLICHE BEZIEHUNG LEBEN

ANNA MARIA DI MARZO

1. Auflage
Copyright 2024 – Anna Maria Di Marzo
Alle Rechte vorbehalten.
Das Werk darf - auch teilweise - nur mit Genehmigung
des Verlags vervielfältigt werden.

ISBN: 978-3-98935-567-5
Lucid Page Media (ein Imprint der Orbita Media GmbH)
Ericusspitze 4
20457 Hamburg
Deutschland
kontakt@lucidpagemedia.de

INHALTSVERZEICHNIS

Was ist emotionale Abhängigkeit und warum ist es so wichtig, sie loszuwerden?

Emotionale Abhängigkeit ist der Wurm in deinem Kopf, der dich glauben lässt, dass du ohne deinen geliebten Menschen nicht leben kannst. Aus Angst vor Einsamkeit tust du alles, damit jede Beziehung so lange wie möglich hält. Das geht so weit, dass du sogar körperliche und verbale Übergriffe von gewalttätigen, gefühllosen, betrügerischen, kalten und egoistischen Partnern akzeptierst.

Nur wenigen Frauen gelingt es, eine Beziehung abzubrechen oder einen gewalttätigen Partner anzuzeigen. Die meisten neigen dazu, aggressives Verhalten herunterzuspielen und zu verleugnen, in der Illusion, dass sich ihr Partner eines Tages ändern wird, und aus Angst, die Schwierigkeiten des Lebens nicht bewältigen zu können.

Menschen, die unter emotionaler Abhängigkeit leiden, denken, dass sie alleine nicht zurechtkommen und immer jemanden brauchen, der ihnen hilft. Deshalb wird Einsamkeit als etwas angesehen, das um jeden Preis vermieden werden muss.

Das Bedürfnis nach Hilfe hat seine Wurzeln in Kindheitserfahrungen. Wenn du als Kind nicht die Liebe und Aufmerksamkeit bekommen hast, die du brauchst, wirst du auch im Erwachsenenalter auf jemanden warten, der sich um dich kümmert und deine emotionalen Lücken füllt.

Die affektive Abhängigkeit kann verschiedene Formen annehmen.

Sie nimmt in Abhängigkeit von Kindheitserfahrungen und subjektiven Persönlichkeitsmerkmalen unterschiedliche Merkmale an.

Das Bedürfnis nach Liebe kann durch "passive Abhängigkeit", "aggressive Abhängigkeit", "Mit-Abhängigkeit" und "Gegen-Abhängigkeit" ausgedrückt werden.

Passive Abhängigkeit" ist charakteristisch für diejenigen, die nicht in der Lage sind, allein zurechtzukommen und denen es an Vertrauen in ihre eigenen Fähigkeiten mangelt, so dass sie die Verantwortung für ihr eigenes Glück an ihren Partner delegieren. Der Partner wird idealisiert und auf ein Podest gestellt; ohne ihn hat die abhängige Person das Gefühl, ein leeres und sinnloses Leben zu führen.

Um die geliebte Person nicht zu verlieren, tut der Süchtige alles, um ihr zu gefallen und sie glücklich zu machen. Auf diese Weise hofft er, die ständige Anwesenheit seiner Partnerin sicherzustellen, der er die mühsame Aufgabe anvertraut, seine Liebesleere zu füllen und seine Ängste zum Schweigen zu bringen.

Das "Bedürfnis", Liebe zu bekommen, treibt passive Süchtige dazu, sich an jeden zu hängen, der ihnen etwas Zuneigung und Aufmerksamkeit zeigt. Die mangelnde Selektivität bei der

Partnerwahl führt jedoch oft dazu, dass der Süchtige komplizierte und schmerzhafte Beziehungen erlebt, in den meisten Fällen mit narzisstischen Personen, die nicht sehr liebevoll sind.

Während der "passive" Angestellte seinem Partner alle möglichen Verhaltensweisen verzeiht, gibt der "aggressive" Angestellte ihm die Schuld für alle seine Versäumnisse, Unterlassungen und mangelnde Liebe.

Bei der "aggressiven Sucht" wird der Partner zu einer Art "Sündenbock", einem "emotionalen Behälter", in den der Süchtige seine ganze Wut für vergangene Misserfolge und unerfüllte Bedürfnisse schüttet.

Im Gegensatz zum "passiven Arbeitnehmer", der dazu neigt, sich selbst herabzusetzen und seinen Partner zu idealisieren, neigt der "aggressive Arbeitnehmer" dazu, seinen Partner herabzusetzen. Sie nutzen jede Gelegenheit, sie zu demütigen, oft in der Öffentlichkeit, und ihnen die Schuld für ihr Unglück zu geben.

Manchmal ist der Partner des "aggressiven Süchtigen" auch ein emotionaler Süchtiger. Als Reaktion auf die Wutausbrüche des "aggressiven Mitarbeiters" kann er oder sie beschließen, sich zu unterwerfen und somit "passiv" zu werden, oder seiner oder ihrer Wut freien Lauf zu lassen, was zu einer gestörten Beziehung mit ständigen Konfrontationen, gewalttätigen Reaktionen und Schuldgefühlen führt.

Eine weitere sehr verbreitete Form der emotionalen Abhängigkeit ist die "Co-Abhängigkeit", besser bekannt als "Kreuzigungssyndrom".

Der "Co-Abhängige" neigt dazu, sich an "bedürftige" Partner zu binden: Drogenabhängige, Alkoholiker, Menschen mit körperlichen und familiären Problemen, in der Illusion, mehr Wert und Bedeutung erlangen zu können.

Diejenigen, die unter "Co-Abhängigkeit" leiden, widmen sich ihrem Partner in Schwierigkeiten ganz und gar und hoffen, dass der Partner, der ihre "Einzigartigkeit" erkennt und ihrer Fürsorge bedarf, sie nie verlassen wird.

Beziehungen halten so lange, wie der Partner Hilfe braucht. Wenn er "heilt" und seine Probleme löst, fühlt sich der "Co-Abhängige" verraten, verliert jegliches Interesse und sucht sich sofort eine andere Person, die er retten kann.

Wie der passive Arbeitnehmer neigt auch die co-abhängige Person dazu, ihre eigenen Bedürfnisse zurückzustellen, um die des Partners zu befriedigen. Wenn sie helfen können, fühlen sie sich wichtig und erkennen, dass sie es wert sind, Liebe zu bekommen.

Die vierte Form der emotionalen Abhängigkeit ist die "Gegen-Abhängigkeit".

Die Gegenabhängigkeit unterscheidet sich von anderen Formen der Abhängigkeit durch die Haltung, die der Betroffene in der Beziehung zeigt. Während "Süchtige" und "Co-Abhängige" versuchen, die Einsamkeit zu vermeiden, indem sie alles tun, um ihren Partnern zu gefallen, beschließt die "gegenabhängige" Person, aus der Beziehung zu fliehen. Sie tun alles, was sie können, um zu beweisen, dass sie stark sind und niemanden brauchen.

Sie hat wenig Vertrauen in ihren Partner und obwohl sie sich seine Anwesenheit sehr wünscht, stößt sie ihn immer wieder weg oder läuft vor ihm weg.

In diesem Buch werden wir uns nur mit der "passiven" Form der Sucht befassen, da sie besonders schmerzhaft und schwer zu bewältigen ist. Denk an all den Schmerz, den du empfunden hast, als dein Partner dich verlassen, dein Vertrauen missbraucht oder dir das Gefühl gegeben hat, unwichtig zu sein.

Menschen, die unter emotionaler Abhängigkeit leiden, können sich nicht mit dem Ende einer Liebesbeziehung abfinden. Sie fantasieren monatelang oder sogar jahrelang darüber, wie schön es gewesen wäre, zusammen zu leben; sie geben sich selbst die Schuld für alles, was sie getan oder nicht getan haben, für alles, was gesagt oder nicht gesagt wurde.

Manche Menschen verschließen sich in einer Art "emotionaler Trauer", andere werfen sich jedem in die Arme, der ihnen etwas Zuneigung und Aufmerksamkeit schenken kann; manche werden sogar zu Stalkern.

In diesem Handbuch wirst du keine wissenschaftlichen Theorien oder Forschungen zum Thema emotionale

Abhängigkeit finden; ich überlasse es dir, dieses Thema dank der zahlreichen im Internet veröffentlichten Artikel zu vertiefen.

Mein Ziel ist es vielmehr, dir einen praktischen Leitfaden an die Hand zu geben, mit dem du deine Sucht überwinden und gesunde romantische Beziehungen erleben kannst, die auf Freude und nicht mehr auf Schmerz basieren.

EMOTIONALE ABHÄNGIGKEIT

Jede Liebesbeziehung, besonders in der Anfangsphase, weckt immer ein bisschen Abhängigkeit. Wir wollen unserer geliebten Person immer nahe sein, wir wollen ihre Stimme den ganzen Tag lang hören, wir können nicht aufhören, an sie zu denken.

Im Allgemeinen neigen wir dazu, diesen ständigen Wunsch nach Kontakt mit dem Partner als eines der offensichtlichsten "Zeichen" der Verliebtheit zu betrachten. Aber wann wird der gesunde Wunsch, einem geliebten Menschen nahe zu sein, krankhaft?

Normalerweise nimmt in einer Beziehung der ständige Wunsch nach der Anwesenheit des Partners ab, wenn sich die Beziehung stabilisiert. Wir fühlen uns in der Beziehung sicher und beginnen, jeden Moment der Autonomie wieder zu schätzen. In dysfunktionalen Beziehungen hingegen bleibt das Bedürfnis nach dem anderen konstant und die Beziehung wird als unabdingbare Voraussetzung dafür gesehen, der eigenen Existenz einen Sinn zu geben.

Menschen, die unter emotionaler Abhängigkeit leiden, brauchen ihre Partner dringend, sie halten sie für überlebenswichtig. Um sie nicht zu verlieren, sind sie zu allem bereit, auch zu Kompromissen, Opfern und Demütigungen. Es handelt sich um eine Art zu lieben, die manche

Wissenschaftler als "krank" bezeichnen. Sie ist gekennzeichnet durch eine höchst unausgewogene Beziehung innerhalb des Paares, bei der es einen Partner gibt, der ständig Liebe gibt (die abhängige Person), und den anderen, der vor ihr flieht oder sie zurückweist.

Wie bei jeder anderen Form der Sucht (Alkohol, Zigaretten, Glücksspiel) gibt es auch bei der emotionalen Sucht Momente des "Rausches", wenn die tägliche "Dosis" an Liebe und Nähe zum Partner genommen wird, und Momente echter Verzweiflung, wenn der Partner sich entfernt.

Die Liebesgeschichten von emotional Süchtigen sind von ständigen Höhen und Tiefen geprägt. Es sind nie heitere Liebesgeschichten.

Es sind gequälte, schmerzhafte Geschichten, voll von Momenten der Ekstase und darauffolgenden Momenten blinder Verzweiflung. Eine Liebkosung oder ein Lächeln deines Partners reicht aus, um den Himmel mit einem Finger zu berühren. Dann braucht es nur noch ein hartes Wort oder einen fehlenden Blick, um in einen tiefen Zustand der Verlassenheit und emotionalen Verzweiflung zu stürzen.

Neben dem Zustand des "Rausches" hat die emotionale Abhängigkeit noch weitere spezifische Aspekte mit anderen Formen der Abhängigkeit gemeinsam: "Toleranz" und "Abstinenz". Menschen, die unter emotionaler Abhängigkeit leiden, leben nach ihrer geliebten Person; ihr Partner ist ihre Welt, ihr einziger Grund zum Leben. Wenn der Partner weit weg ist oder die Beziehung beendet, macht nichts mehr Sinn: Das Leben selbst verliert seinen Sinn.

Menschen, die unter emotionaler Abhängigkeit leiden, machen ihr Glück von der An- oder Abwesenheit ihres Partners abhängig. In seiner oder ihrer Gesellschaft ist alles schön und alles ist lebenswert, aber wenn der Partner oder die Partnerin nicht da ist, ist alles traurig und eintönig. Um ihren Partner an sich zu binden, gehen sie Kompromisse ein, akzeptieren Misshandlungen, körperlichen und emotionalen Missbrauch, tolerieren Misserfolge und Verrat.

Der Partner wird ständig idealisiert und gerechtfertigt; jeder Fehler wird heruntergespielt oder geleugnet, um die Illusion aufrechtzuerhalten, Liebe zu bekommen. Die Angst, diese Liebe zu verlieren, treibt die abhängige Person dazu, immer alles unter Kontrolle zu haben, auch den Partner.

Menschen, die unter emotionaler Abhängigkeit leiden, neigen dazu, ihren geliebten Menschen zu "besitzen", um eine exklusive und allumfassende Liebesbeziehung aufzubauen; für andere Menschen und andere Interessen außerhalb des Paares ist kein Platz. Jede Interessensbekundung des Partners an etwas oder jemandem wird als Verrat oder mangelnde Liebe interpretiert.

Der Partner muss Augen, Ohren, Hände und Herz nur für die abhängige Person haben, die um jeden Preis im Mittelpunkt seines Lebens und seiner Gedanken stehen will.

Affektiv Abhängige leben in Funktion der geliebten Person und möchten die gleiche Art von Liebe erhalten.

Sie heben sich in der Beziehung auf: Sie stellen ihr eigenes Leben zurück und widmen sich ganz dem Leben ihres Partners. Sie verfolgen seine Karriere, teilen seine Interessen, seine Freundschaften und seine Leidenschaften. Das Glück des Partners oder der Partnerin steht an erster Stelle, auch wenn das auf Kosten des eigenen Glücks geht. Es ist kein Zufall, dass Süchtige oft als "Menschen, die zu sehr lieben" bezeichnet werden: Ihre Art zu lieben ist exzessiv, zwanghaft, fast krankhaft.

Die Besessenheit von einem geliebten Menschen kann manchmal als Ausdruck einer besonders intensiven Leidenschaft oder einer sehr tiefen Liebe angesehen werden. Das führt dazu, dass die Person, die unter emotionaler Abhängigkeit leidet, die Ursache ihres Leidens nicht erkennt und versucht, es zu lindern, indem sie ihrem Partner mehr Aufmerksamkeit schenkt. Der Partner oder die Partnerin wird durch die Pflege der abhängigen Person "erstickt", die auf jede Weise versucht, ihn oder sie aus dem sozialen und beruflichen Umfeld zu isolieren. Die Angst, die Zuneigung eines geliebten Menschen zu verlieren, ist so stark, dass sie den Süchtigen dazu bringt, sich von allem zu distanzieren, was ihn oder sie "ablenken" könnte.

Affektsüchtige tolerieren nicht, dass etwas oder jemand das Interesse ihres Partners weckt, denn das würde bedeuten, dass sie weniger Aufmerksamkeit und weniger Liebe bekommen.

Jedes neue Interesse des Partners wird als "Gefahr" wahrgenommen, als Zeichen einer möglichen Entfremdung, und das führt zu Streit, Geschrei, Gewaltszenen und emotionaler Erpressung.

Für die abhängige Person wird Liebe als etwas Exklusives verstanden: eine totale Verschmelzung, eine totale Hingabe, ein sich völlig in dem anderen verlieren.

Die Verschmelzung mit dem Partner ist so innig, dass der Süchtige das Gefühl hat, ohne ihn nicht existieren zu können. Sätze wie "Ich kann ohne dich nicht leben", "Du bist mein Leben", "Ich kann ohne dich nicht atmen" sind nicht nur Sprüche, sondern echte Überzeugungen. Deshalb sind Menschen, die unter emotionaler Abhängigkeit leiden, bereit, alles zu tun, um die Person, die sie lieben, nicht zu verlieren.

Den Partner oder die Partnerin zu verlieren, würde bedeuten, das eigene Leben zu verlieren. Deshalb versuchen die Beschäftigten verzweifelt, ihre Beziehungen aufrechtzuerhalten: Es ist eine Frage des Überlebens.

Für die abhängige Person ist Liebe keine Freude, sondern ständiges Leid. Die süchtige Person lebt in ständiger Angst, den geliebten Menschen zu verlieren und in der Sorge, dass dies jeden Moment passieren könnte.

Dieser ständige Angstzustand führt dazu, dass diejenigen, die unter emotionaler Abhängigkeit leiden, alles unter Kontrolle halten müssen, nicht nur ihre Beziehung, sondern auch das

Leben ihres Partners: ihre Freunde, ihre Interessen und oft sogar ihr Handy.

Zuneigungssüchtige sind eifersüchtig und besitzergreifend: Der Partner ist ihr Eigentum, andere müssen sich fernhalten. Der Partner darf nicht mit Freunden ausgehen oder Interessen haben, die nicht auch die abhängige Person einbeziehen; jedes Erlebnis muss geteilt werden und das Paar einbeziehen.

Affektive Süchtige setzen ihre Partner nicht selten langwierigen Verhören, Bestrafungen, Erpressungen und Situationen aus, in denen sie ständig auf die Probe gestellt werden. Jede Person, die dem Partner oder der Partnerin nahe kommt, wird zu einem potenziellen Rivalen, jedes berufliche Engagement wird zu einer gefährlichen Möglichkeit der Entfremdung.

Der Mangel an Vertrauen in die Möglichkeit, Liebe zu verdienen, treibt die abhängige Person dazu, ständig misstrauisch zu sein und in einem Zustand ständiger Wachsamkeit zu leben. Die Überzeugung, dass sie es nicht wert ist, geliebt zu werden, lässt sie danach streben, sich die Liebe ihres Partners zu "verdienen". Es überrascht nicht, dass Süchtige sich bemühen, immer perfekt, untadelig, liebevoll und einladend zu sein. Der Partner erkennt und schätzt ihre "Bemühungen" jedoch nicht immer, fühlt sich oft unterdrückt und erdrückt von "zu viel Liebe" und "zu viel Aufmerksamkeit" und fordert mehr "Raum".

Diese Beschwerden des Partners werden von der abhängigen Person als Dolchstoß empfunden: Wie kann der Partner so unsensibel und egoistisch sein, dass er all die Opfer nicht anerkennt, die er für ihn bringt? Statt sich für die erhaltene Liebe zu bedanken, verhält sich der Partner auf diese Weise?

Diese fehlende Anerkennung der Anstrengungen und Opfer führt dazu, dass der Süchtige Wut und "Groll" empfindet. Wut ist ein Gefühl, das alle Formen der Abhängigkeit teilen: passive Abhängigkeit, aggressive Abhängigkeit, Co-Abhängigkeit und Gegenabhängigkeit, aber in passiver Abhängigkeit wird sie nie explizit ausgedrückt, außer bei kurzen und sehr seltenen Gelegenheiten.

Da die abhängige Person den Partner oder die Partnerin über alles liebt (auch über sich selbst) und davon überzeugt ist, dass wahre Liebe über allem stehen muss, "kann" sie den Partner oder die Partnerin nicht hassen, sie kann nicht wütend auf ihn oder sie sein; also schüttet sie die Wut auf sich selbst aus und gibt sich selbst die Schuld daran.

Sie fühlt sich schuldig, weil sie nicht genug gibt, weil sie nicht gut genug ist, nicht fürsorglich genug, nicht schön genug, nicht attraktiv genug.

Sie gibt sich selbst die Schuld für das Scheitern der Beziehung und das Verhalten ihres Partners; sie rechtfertigt es und beginnt, sich mit "was wäre wenn" zu quälen: "wenn ich verfügbarer gewesen wäre", "wenn ich ihm mehr Freiheit gelassen hätte", "wenn ich weniger Szenen gemacht hätte", "wenn ich attraktiver, sicherer, stärker gewesen wäre" usw. Sie fühlt sich schuldig, weil sie nicht genug gegeben hat, nicht gut genug, fürsorglich genug, attraktiv genug war.

Menschen, die unter emotionaler Abhängigkeit leiden, neigen dazu, sich selbst die Schuld für das Scheitern jeder Beziehung zu geben. Der Partner wird idealisiert und auf ein Podest gestellt; jede seiner Handlungen wird als Konsequenz des Verhaltens der abhängigen Person gesehen.

Der Versuch, es dem Partner oder der Partnerin recht zu machen und die Schuld für seine oder ihre Unzulänglichkeiten auf sich zu nehmen, ist jedoch keine Garantie für das Überleben einer Beziehung.

Beziehungen, die auf Angst, Unsicherheit, Bedürfnissen und Verweigerung basieren, sind Beziehungen auf Zeit; sie halten nicht lange. Alle Anstrengungen, die unternommen werden, um das Verlassenwerden zu vermeiden, haben am Ende den gegenteiligen Effekt: Der Partner, der von "zu viel Liebe" erdrückt wird, beschließt, wegzuziehen, und die abhängige Person sieht sich mit dem konfrontiert, was sie am meisten fürchtet: Einsamkeit.

WIE SIE SICH ENTWICKELT EMOTIONALE ABHÄNGIGKEIT

Emotionale Abhängigkeit ist eine der direkten und unvermeidlichen Folgen der Verlassenheitswunde.

Die Wunde des Verlassenseins ist eine der Fünf Existenziellen Wunden, die in jedem von uns seit der Kindheit vorhanden ist. Wir alle haben in jungen Jahren Momente des Verlassenseins, der Ablehnung, der Ungerechtigkeit, des Verrats und der Demütigung erlebt.

Jede existenzielle Wunde führt dazu, dass wir uns bestimmte Verhaltensweisen aneignen, um zu vermeiden, dass sich das Leid, das wir als Kinder erlebt haben, wiederholt.

Um dem Schmerz zu entgehen, der durch Verletzungen verursacht wird, entwickelt jeder von uns eine Reihe von Abwehrmechanismen, besser bekannt als "Persönlichkeitsmasken".

Diejenigen, die zum Beispiel besonders unter der Wunde der Zurückweisung gelitten haben, werden als Erwachsene die Maske des "Flüchtigen" tragen und dazu neigen, vor der Verantwortung und vor allen Beziehungen davonzulaufen.

Wer unter der Wunde der Ungerechtigkeit gelitten hat, wird die Maske des "Steifen" tragen; er wird ein Perfektionist sein und es wird ihm schwerfallen, anderen zu vertrauen.

Diejenigen, die unter der Wunde der Erniedrigung gelitten haben, tragen die Maske des "Masochisten "; sie haben ein geringes Selbstwertgefühl und neigen dazu, die Bedürfnisse anderer immer vor ihre eigenen zu stellen. Diejenigen, die unter der Wunde des Verrats gelitten haben, werden die Maske des "Kontrolleurs" tragen; sie werden immer alle unter die Lupe nehmen und in der Liebe eifersüchtig und besitzergreifend sein. Diejenigen schließlich, die unter der Wunde des Verlassenseins gelitten haben, tragen die Maske des "Abhängigen". Sie werden voller Unsicherheiten sein, immer die Unterstützung anderer suchen und dazu neigen, alle Formen der Abhängigkeit zu entwickeln, vor allem emotionale Abhängigkeit.

Die affektive Abhängigkeit ist also eine direkte Folge der Wunde des Verlassenseins.

Die Verlassenheitsverletzung entwickelt sich in den ersten Lebensjahren, meist vor dem dritten Lebensjahr, wenn das Kind die Liebe des andersgeschlechtlichen Elternteils vermisst.

Die Ursachen für diesen "Mangel an Liebe" können vielfältig sein: der frühe Tod eines Elternteils, eine Scheidung, berufliche Anforderungen, die den andersgeschlechtlichen Elternteil zwingen, von zu Hause wegzubleiben, mehr Aufmerksamkeit für Geschwister, Familienstreitigkeiten, häusliche Gewalt oder Alkohol- oder Drogenabhängigkeit.

Als Erwachsene werden Kinder, die die Wunde des Verlassenseins entwickelt haben, das Gefühl haben, nicht allein leben zu können. Sie werden immer andere brauchen; sie werden in der hoffnungsvollen Erwartung leben, dass jemand die Leere der Liebe und Aufmerksamkeit füllen wird, die sie in der Kindheit nicht erhalten haben.

Sie neigen dazu, sich unerbittlich an Dinge oder Menschen zu klammern, und es fällt ihnen schwer, eine Beziehung abzubrechen, selbst wenn sie schädlich oder nachteilig für sie ist. Sie sind in der Tat Menschen, die bereit sind, alles zu tun, um ihren geliebten Menschen nicht zu verlieren, sogar Demütigungen und Misshandlungen zu ertragen. Das Leid, das der Partner verursacht, wird immer geringer sein als das, das durch eine mögliche Trennung entstehen könnte.

Die Angst, einen geliebten Menschen zu verlieren, ist wie ein Holzwurm, der sich in den Kopf derjenigen frisst, die unter emotionaler Abhängigkeit leiden. Ganz gleich, wie viel Zusicherung der Partner gibt, die abhängige Person wird immer das Gefühl haben, dass sie in ständiger Gefahr ist, ihre Liebe und damit auch ihr Leben zu verlieren.

Menschen, die unter emotionaler Abhängigkeit leiden, haben das Gefühl, dass sie ohne ihren geliebten Menschen nicht leben können; ihre gesamte Existenz ist an die Anwesenheit ihres Partners gebunden. Es ist der Partner oder die Partnerin, der oder die allem, was sie tun, einen Sinn gibt; ohne ihn oder sie hat nichts einen Sinn. Deshalb brauchen affektiv Abhängige eine ständige Bestätigung der Liebe ihres Partners und konkrete Beweise für ihre Absicht, die Beziehung fortzusetzen. Trotz des Bedürfnisses, zu einem Paar zu verschmelzen und eine innige, tiefe Liebesbeziehung aufzubauen, neigen Menschen, die unter emotionaler Abhängigkeit leiden, ironischerweise dazu, sich an Partner zu binden, die nicht sehr zur Intimität und zum Zeigen von Zuneigung neigen.

Diejenigen, die in der Kindheit emotionale Verlassenheit erlebt haben, werden aufgrund eines Mechanismus, der in der Psychologie als "Wiederholungszwang" bezeichnet wird, im Erwachsenenalter dazu neigen, sich an Partner zu binden, die dem Elternteil des anderen Geschlechts ähnlich sind; Menschen, deren Charakter oder Arbeit sie erneut emotionale Verlassenheit erleben lässt.

Dabei handelt es sich um Personen, die aufgrund gestörter Persönlichkeitsaspekte, wie im Fall von Narzissten oder Gegenabhängigen, aufgrund kultureller, religiöser oder beruflicher Anforderungen der abhängigen Person niemals die Sicherheit einer stabilen Beziehung und tiefen Liebe geben können.

Warum neigen Menschen, die unter emotionaler Abhängigkeit leiden, dazu, sich an Partner zu binden, die emotional unerreichbar, kalt und unwillig sind, Zuneigung zu zeigen? All das geschieht, weil unser "Kinder-Ich" das erlittene Unrecht nicht vergisst und in der Hoffnung, die Vergangenheit zu ändern, weiterhin Situationen schafft, die denen ähneln, die wir in unserer Kindheit erlebt haben.

Deshalb neigt die süchtige Person dazu, sich an Partner zu binden, die Bindungen und Zuneigung nicht offen zeigen.

Um sich aus der emotionalen Abhängigkeit zu befreien, muss der verletzte Teil der Persönlichkeit, das so genannte "Kinder-Ich", "geheilt" werden.

Wir müssen das Bedürfnis nach Liebe heilen, das uns als Kinder gefehlt hat, und zwar durch einen Prozess des persönlichen Wachstums, der Momente des Zuhörens und der mentalen Umprogrammierung beinhaltet.

Die von mir entwickelte Ipnosintesi hat sich als äußerst wirksam erwiesen, um die durch emotionale Abhängigkeit verursachten Probleme dauerhaft zu lösen.

Dank der Ipnosintesi ist es möglich, zur "Hauptursache" der Sucht zurückzukehren, d.h. zu dem ursprünglichen Ereignis der emotionalen Verlassenheit, das alle anderen schmerzhaften Erfahrungen des Lebens überlagert hat.

Sobald du die Ursache und die damit verbundenen Ereignisse gelöst hast, wird sich dein Leben dramatisch verändern. Du wirst anfangen, verschiedene Partner zu wählen, und du wirst entdecken, wie schön es sein kann, Zeit für deine eigenen Interessen zu haben.

Neben dem Mangel an Liebe, den du als Kind erfahren hast, können auch andere Faktoren die emotionale Abhängigkeit verstärken und fördern. Die häufigsten davon sind Religion, Herkunftskultur, Familientraditionen und gesellschaftliche Konventionen.

Die viel gepriesene und missverstandene "bedingungslose Liebe", die von einigen Religionen überliefert und dank der ergreifenden Liebeslieder, die dich von der Kindheit bis zur Jugend begleitet haben, zu einem kollektiven Erbe geworden ist, hat dich vielleicht zu der Annahme verleitet, dass "Liebe" gleichbedeutend mit "totaler Selbstverleugnung" ist.

In dem Satz: "Liebe deinen Nächsten wie dich selbst" gibt es zwei Menschen, die du lieben sollst: dich und deinen Nächsten. Du kannst keine echte Liebe für eine andere Person empfinden, wenn du nicht zuerst in der Lage bist, dich selbst zu lieben.

Die eigenen Bedürfnisse, Wünsche und Pläne zu verleugnen, um die des Partners zu unterstützen und zu fördern, ist keine Liebe, sondern Selbstverleugnung. Die Liebe eines Paares setzt eine Gegenseitigkeit voraus, eine Zweigliedrigkeit im Ausdruck und in der Demonstration der Liebe selbst.

Wenn diese Gegenseitigkeit versagt, versagt auch das Paar selbst. Es ist, als ob die Beziehung nur von einem der Partner gelebt wird, der ihr ununterbrochen Zeit und Aufmerksamkeit schenkt, bis sie langsam und schmerzhaft aufgezehrt wird.

Religiöse Überzeugungen, die Art der Erziehung, die du erhalten hast, und die gesellschaftlichen Regeln, die du gelernt hast, haben dich vielleicht zu der Annahme verleitet, dass diejenigen, die wirklich lieben, in der Lage sind, alles zu ertragen, alles zu vergeben und alles zu rechtfertigen.

Die Opfer dieser Denkweise sind vor allem Frauen, denen von Geburt an die Rolle des "Kreuzträgers" zugedacht ist und die mutig und stolz für bedingungslose Liebe eintreten. Vor allem Frauen wird beigebracht, ihre eigenen Bedürfnisse und Wünsche zurückzustellen, um die anderer zu befriedigen.

Diejenigen, die in ihrer Kindheit erlebt haben, wie ihre Mütter die Bedürfnisse ihrer Väter und Großväter völlig verleugnet haben, und die in einer Familie aufgewachsen sind, in der Altruismus und Großzügigkeit als unverzichtbare Werte gelten, werden dazu neigen, die Bedürfnisse anderer wichtiger zu nehmen als ihre eigenen.

Im zweiten Teil dieses Buches zeige ich dir, wie du alle einschränkenden Glaubenssätze, die du aufgrund gesellschaftlicher und familiärer Konditionierung entwickelt hast, loswirst.

Ich werde dich auch lehren, all die Sprüche, Urteile und Ratschläge von Freunden und Familie loszuwerden, die dich dazu gebracht haben, Liebe als Opfer, Leiden und harte Arbeit zu betrachten.

Liebe ist Freude! Und sie muss von beiden Mitgliedern des Paares mit Freude erlebt werden. Wenn beide Partner sich verpflichten, Liebe zu geben, werden sie auch Liebe erhalten. Wenn hingegen nur einer der Partner "gibt", während der andere nur "nimmt", ist die Beziehung unausgewogen.

Genau wegen dieses Mangels an Ausgewogenheit sind manche Beziehungen von Missverständnissen, Streit und Leid geprägt. Leid in der Liebe wird durch fehlende Gegenseitigkeit, enttäuschte Erwartungen, unerwiderte Wünsche und unerwiderte Liebe verursacht.

Wenn in einer Beziehung nur ein Partner es dem anderen immer recht machen muss und seine Pläne und Freundschaften aufgeben muss, haben wir es mit einer Form von "kranker" Liebe zu tun, bei der "Bedürfnis" zur "Hingabe" wird. Gesunde Beziehungen basieren auf Teilen, auf Austausch, auf dem Wunsch, dem anderen zu gefallen, ohne sich selbst zu verletzen.

Wenn du deinen Partner glücklich machen willst, darfst du dich nicht selbst opfern müssen. Du musst lernen, glücklich zu sein, während du die andere Person glücklich machst, um niemals deine eigene Würde und deine Wünsche aufzugeben.

Wenn dein Partner oder deine Partnerin aufrichtig in dich verliebt ist, wie kann er oder sie dann glücklich sein, wenn du es nicht bist?

Es ist nicht dein Opfer, das die Beziehung am Leben erhält und sie dauerhaft macht, sondern deine Fähigkeit, glücklich zu sein.

Lass all die Schlagworte, Sprichwörter und alles andere los, was dich im Laufe der Jahre dazu gebracht hat, Liebe als Aufgabe zu betrachten. Liebe ist nicht etwas, dem du dein ganzes Leben widmen musst, für das du jeden Traum und jedes Bedürfnis opfern musst.

Wahre Liebe verlangt weder Opfer noch Verzicht, sondern wird von der Freude und dem Glück beider Partner genährt.

Öffne dich jetzt für die Möglichkeit, endlich glücklich in der Liebe zu sein und in einer Beziehung zu leben, in der du dich sicher fühlen kannst. Eine Beziehung, in der du nicht ständig alles und jeden kontrollieren musst, in der du dich entspannen und die liebevolle Gegenwart deines Partners genießen kannst, ohne um Zuneigung und Aufmerksamkeit betteln zu müssen.

DIE SYMPTOME VON EMOTIONALE ABHÄNGIGKEIT

Um sich aus der emotionalen Abhängigkeit zu befreien, muss man zunächst erkennen, dass man von ihr betroffen ist. Sehr oft wird emotionale Abhängigkeit als eine Form von Altruismus angesehen, wie Leidenschaft oder körperliche Anziehung. In den meisten Fällen merken die Menschen erst dann, dass sie unter emotionaler Abhängigkeit leiden, wenn eine weitere schwierige und schmerzhafte Beziehung zu Ende geht, wenn sie verlassen werden oder wenn sie von einem narzisstischen oder kodierenden Partner zerstört werden.

In diesem Kapitel führe ich die häufigsten Symptome der emotionalen Abhängigkeit auf, damit du sie an deinem Handeln und Denken erkennen kannst. Wenn du eines oder mehrere dieser Symptome bei dir feststellst, bekommst du einen Eindruck von dem Grad der emotionalen Abhängigkeit, die all deine Beziehungen ruiniert hat.

Das Bedürfnis nach Liebe

Was die emotionale Abhängigkeit unverkennbar kennzeichnet, ist das übermäßige Bedürfnis nach Liebe. Dieses Bedürfnis ist schwer zu stillen, weil es aus den emotionalen Wunden in der Kindheit herrührt. Erfahrungen des Verlassenseins, der Missachtung und des Mangels an Liebe schaffen eine schmerzhafte emotionale Leere, die die abhängige Person zu vertuschen versucht, indem sie sich an jeden bindet, der ihr auch nur einen Funken Zuneigung und Aufmerksamkeit schenken kann. Oft sind sie jedoch kalte und distanzierte Partner, die durch ihr Verhalten das Gefühl der Einsamkeit und die Angst der abhängigen Person vor dem Verlassenwerden verstärken.

Es ist genau die Angst vor dem Verlassenwerden, die Arbeitnehmer dazu bringt, ständig nach Aufmerksamkeit und Zuneigung zu suchen. Abhängige Menschen fragen ihren Partner ständig: "Liebst du mich?" und geraten in Panik, wenn ihr Partner ein paar Stunden lang nicht anruft oder vergisst, anzurufen. Jede Verzögerung oder jedes Schweigen wird als ein mögliches Aufgeben interpretiert und erzeugt Angst und Furcht.

Das Bedürfnis nach Liebe ist das, was die Beziehung nährt. Diejenigen, die unter emotionaler Abhängigkeit leiden, haben das Gefühl, dass sie ohne ihre geliebte Person nicht leben können; ohne sie fällt es ihnen schwer zu atmen. Alles macht nur in Bezug auf ihren Partner Sinn, der zum Mittelpunkt ihrer Welt und zu ihrem einzigen Interesse wird.

Die Idealisierung des Partners

Ein weiterer eigentümlicher Aspekt der emotionalen Abhängigkeit ist die Idealisierung des Partners. Die abhängige Person stellt den Partner oder die Partnerin immer auf ein Podest; alle Unzulänglichkeiten werden heruntergespielt oder ignoriert, weil man die Beziehung so lange wie möglich aufrecht erhalten will. Das Gefühl der Unterlegenheit führt dazu, dass die Person, die unter emotionaler Abhängigkeit leidet, ihren Partner oder ihre Partnerin überschätzt, ihr Verhalten und ihre Fehler rechtfertigt und sich selbst die Schuld gibt, wenn etwas schief läuft oder wenn der Partner oder die Partnerin wegzieht.

Menschen, die unter emotionaler Abhängigkeit leiden, sind kaum in der Lage, die Versäumnisse und Fehler ihres Partners zu erkennen und vor allem zuzugeben. Sie sind äußerst geschickt darin, jede mögliche Entschuldigung zu finden, um jede aggressive Geste, jeden Mangel an Respekt oder jedes beleidigende Wort zu rechtfertigen. Sie sind tolerant gegenüber allen Unzulänglichkeiten und akzeptieren übermäßig alle Anfragen, die sie erhalten, selbst wenn diese ihren eigenen Wünschen und moralischen Prinzipien widersprechen. Sie neigen dazu, jede Form von Groll und Enttäuschung zu unterdrücken, weil sie befürchten, dass ihr Partner sich entscheiden könnte, sie zu verlassen.

Die Idealisierung des Partners ist nicht auf die Betonung seiner positiven Aspekte zurückzuführen, sondern ist das Ergebnis einer reinen Illusion. Süchtige schreiben ihren Partnern alle Eigenschaften und Merkmale zu, die sie gerne in ihnen finden würden, und machen sich so vor, dass sie in einer perfekten und dauerhaften Beziehung sind. Diese verzerrte Wahrnehmung führt dazu, dass sie jegliche Warnsignale übersehen und den Partner sogar in Situationen verteidigen, in denen objektiv Fehlverhalten vorliegt.

Die Angst, den Partner zu verlieren

Süchtige leben in der Angst, etwas zu tun, das ihren Partner entfremdet. Sie haben immer Angst, dass etwas schief geht und ihre Beziehung endet. Die Angst vor dem Verlassenwerden treibt sie dazu, ihrem Partner in jeder Hinsicht zu gefallen und Misshandlungen und Demütigungen in Kauf zu nehmen. Egal, wie gewalttätig oder distanziert der Partner sein mag, egal, wie viele Opfer und Verzichte er bringen muss, nichts ist mit dem Schmerz vergleichbar, einen geliebten Menschen zu verlieren.

Die Angst vor der Einsamkeit vergrößert die Folgen, die das Ende der Beziehung mit sich bringen könnte. Deshalb sind emotional Abhängige oft eifersüchtig und besitzergreifend, manchmal sogar fast erdrückend.

Auf der Suche nach einem Partner, der für immer an ihrer Seite bleiben kann, finden sie sich jedoch oft an Menschen gebunden, die aufgrund ihrer Natur, familiärer oder beruflicher Probleme Schwierigkeiten haben, eine stabile Beziehung einzugehen.

Diese emotionale Unverfügbarkeit nährt die Angst vor dem Verlassenwerden und treibt die abhängige Person dazu, immer anhänglicher zu werden und den Partner dazu zu bringen, wegzulaufen, wodurch ein Teufelskreis aus Verfolgung, Tränen und wiederkehrenden Verlusten ausgelöst und genährt wird.

Herablassung und totale Hingabe an den Partner

Die totale Nachgiebigkeit gegenüber dem Partner ist ein weiteres Merkmal der emotionalen Abhängigkeit. Die Angst, die Liebe der geliebten Person zu verlieren, treibt den Angestellten dazu, ihr jeden Wunsch zu erfüllen und alles zu tun, um sie immer glücklich zu machen. Im Laufe der Zeit führt die ständige Anpassung an die Wünsche des Partners dazu, dass die Person, die unter emotionaler Abhängigkeit leidet, einen Identifikationsprozess in Gang setzt: Sie denkt wie der Partner, spricht wie er oder sie, handelt wie er oder sie und tut immer, was er oder sie sagt.

Aus Angst, das Objekt ihrer Liebe zu verlieren, ist sie nicht mehr in der Lage, sich seinen Entscheidungen zu widersetzen, sondern akzeptiert sie und erträgt sie ohne Vorbehalt. Jeder vom Partner geäußerte Wunsch wird fast zu einem Befehl, zu einer emotionalen Verpflichtung, der man sich nicht entziehen kann. Für die abhängige Person ist die Befriedigung aller Bedürfnisse und Wünsche ihres Partners der einzige sichere Weg, um sicherzustellen, dass sie immer an der Seite ihres Partners sein wird.

Der Partner, der für dein Glück verantwortlich ist

Menschen, die unter emotionaler Abhängigkeit leiden, delegieren die Verantwortung für ihr eigenes Glück an ihren Partner, der mit der Zeit zum Mittelpunkt ihrer Welt und zu ihrem einzigen Lebensgrund wird.

Da die abhängige Person nicht glaubt, dass sie die notwendigen Gaben und Eigenschaften besitzt, um ihr Glück zu verdienen, schreibt sie die Macht, sie glücklich zu machen, ausschließlich ihrem Partner zu.

Jede liebevolle Geste deines Partners, sei es ein süßes Wort oder eine kleine Aufmerksamkeit, erfüllt dein Herz mit Freude und lässt dich unendlich dankbar für das sein, was du erhalten hast. Aber es braucht nur einen verpassten Termin, eine Planänderung, einen kalten Satz, damit sich sein Tag plötzlich verdunkelt.

Wer sein Glück an seinen Partner delegiert, setzt abhängige Menschen dem Risiko ständiger Enttäuschungen und Leiden aus. Die Beziehung wird zu einem Karussell der Gefühle: Spitzen der Euphorie, begleitet von Momenten tiefer und schmerzhafter Bitterkeit.

Alles, was der Partner tut, denkt oder sagt, wird als Liebesbeweis oder als völlige Gleichgültigkeit interpretiert. Wenn der Partner müde ist oder keine Lust hat zu reden, bedeutet das, dass er nicht mehr verliebt ist und gehen will; wenn er lächelt und fröhlich ist, ist alles in Ordnung.

Eifersucht und Besitzgier

Liebessüchtige sind eifersüchtig und besitzergreifend. Der geliebte Mensch wird als eine Art "persönliches Eigentum" betrachtet, an das niemand herankommen kann. Sie geraten in Panik, wenn ihr Partner eine andere Person anschaut, sie anlächelt oder sich für etwas Neues interessiert. Eifersucht treibt sie dazu, ihre Partner mit ständigen Fragen, Bitten um Bestätigung und Ausbrüchen zu ersticken, die sich oft als nutzlos und ungerechtfertigt herausstellen.

Alles muss jederzeit unter Kontrolle sein: dein Partner, dein Handy, dein Computer, dein Terminkalender. Übermäßige Kontrolle führt jedoch oft dazu, dass der Partner oder die Partnerin weggeht und die abhängige Person gezwungen ist, sich mit ihrem größten Feind auseinanderzusetzen: der Einsamkeit.

Das Gefühl der Leere und des Verlustes abseits des Partners

Für diejenigen, die unter emotionaler Abhängigkeit leiden, ist das Leben ohne einen geliebten Menschen nicht lebenswert. Ohne ihren Partner ist ihnen langweilig, sie rufen ihn ständig an, sie leben in Erwartung eines Anrufs oder eines Treffens. Der Partner wird mit der mühsamen Aufgabe betraut, die emotionale Leere des Arbeitnehmers zu füllen, eine Leere, die ihren Ursprung in seiner Kindheit hat und die ein ständiges und tiefes Gefühl der Angst und Verwirrung erzeugt.

Um dem Schmerz zu entkommen, der durch die emotionale Leere entsteht, richtet die abhängige Person ihre ganze Aufmerksamkeit auf ihren Partner; sie kümmert sich um ihn, interessiert sich für das, was er mag, verfolgt seine Interessen und sozialen Profile. In ihren Gesprächen geht es immer um ihren Partner, ihre Freunde und ihr Leben. Ohne ihren Partner fühlt sie sich wertlos, ihre Existenz wird sinnlos.

PRÜFEN, INWIEWEIT DU UNTER EMOTIONALER ABHÄNGIGKEIT LEIDEST

Nachdem du nun gelernt hast, die häufigsten Symptome der emotionalen Abhängigkeit zu erkennen, lade ich dich ein, einen kurzen Test zu machen, um herauszufinden, wie hoch dein Grad der Abhängigkeit ist.

Der Test, den ich vorschlage, soll dir nur die Verhaltensweisen und die mentale Einstellung bewusst machen, die du ändern musst, um dein Leben und deine Beziehungen zu verbessern.

Beantworte jede Frage aufrichtig, ohne nachzudenken. Antworte einfach mit "Ja" oder "Nein". Die Anzahl der "Ja"-Stimmen ist der Maßstab für deine emotionale Abhängigkeit.

1. Fühlst du dich oft schuldig?
2. Neigst du dazu, die Bedürfnisse anderer vor deine eigenen zu stellen?
3. Bist du traurig über einen negativen Kommentar?
4. Neigst du dazu, die Kontrolle über das Leben deines Partners zu haben?
5. Leidest du unter Eifersucht?
6. Fühlst du dich unwohl, wenn du ohne deinen Partner Initiativen ergreifen musst?
7. Neigst du dazu, deinen Partner in den Mittelpunkt deines Lebens zu stellen?
8. Wenn du eine Beziehung beginnst, neigst du dann dazu, deine Freunde und persönlichen Interessen zu vernachlässigen?
9. Lässt du dich von den Urteilen und Meinungen anderer beeinflussen?
10. Kannst du dich leicht von Menschen, Dingen und Situationen trennen, die nicht gesund für dich sind?
11. Sprichst du öfter über deinen Partner und seine Interessen als über deine eigenen?
12. Kannst du "Nein" sagen, ohne dich schuldig zu fühlen?

Fühlst du dich oft wie ein Opfer?

DER PARTNER DES AFFEKTIVER MITARBEITER

Obwohl Menschen, die unter emotionaler Abhängigkeit leiden, einen liebevollen, fürsorglichen und aufmerksamen Partner suchen, um ihre emotionalen Bedürfnisse zu befriedigen, binden sie sich durch einen scheinbar perversen Mechanismus ihres Unterbewusstseins an kalte und schwer fassbare Personen, die ihre Ängste und ihren Zustand der Abhängigkeit ständig nähren. Dies geschieht aufgrund der emotionalen Wunden, die in der Kindheit entstanden sind und die dazu führen, dass man immer wieder Situationen der emotionalen Verlassenheit nachstellt, in der Illusion, das erlittene Unrecht wiedergutmachen zu können.

Deshalb finden zum Beispiel Frauen, die unter emotionaler Abhängigkeit leiden, Männer attraktiv, die aus persönlichen, finanziellen oder psychologischen Gründen emotional nicht verfügbar sind. Das kann an der geografischen Entfernung liegen, daran, dass der/die Auserwählte bereits eine Familie hat oder nicht bereit für eine Verbindung ist. In den meisten Fällen neigen Süchtige jedoch besonders dazu, sich Partner zu suchen, die unter einer narzisstischen Persönlichkeitsstörung leiden.

Die narzisstische Persönlichkeitsstörung hat, wie die emotionale Abhängigkeit, ihre Wurzeln in einer Kindheit, die von einem Mangel an Liebe und Aufmerksamkeit geprägt war. Doch während Menschen, die unter emotionaler Abhängigkeit leiden, auf diesen Mangel reagieren, indem sie sich um andere und deren Bedürfnisse kümmern, ist der Narzisst einzig und allein auf sich selbst konzentriert. Um ihre emotionale Zerbrechlichkeit zu verbergen, bemüht sie sich ständig um ein strahlendes und grandioses Selbstbild, um Gefühle der Wertschätzung und Bewunderung zu wecken.

Der Narzisst ist ständig auf der Suche nach einem Publikum, das seine Leistungen beklatscht, das ihn ständig daran erinnert, wie schön, stark, erfolgreich und selbstbewusst er ist. Jemand, der ihm jeden Wunsch erfüllt und ihn auf ein Podest stellt. Wer kann das alles besser als ein Süchtiger?

Die narzisstisch-abhängige Beziehung findet nämlich ihr Gleichgewicht in der Befriedigung der unbewussten Bedürfnisse beider Partner. Der Narzisst muss ständig im Zentrum der Aufmerksamkeit stehen, während die abhängige Person jemanden braucht, dem sie ihre ganze Aufmerksamkeit widmen kann.

Der Narzisst ist ein großer Schmeichler und ein geschickter Manipulator. Er ist extrem gut darin, die Schwächen und emotionalen Bedürfnisse anderer zu erkennen. Deshalb werden diejenigen, die unter emotionaler Abhängigkeit leiden und immer auf der Suche nach Zuneigung und Aufmerksamkeit sind, ihre leichte Beute. Alles, was es braucht, ist eine Liebkosung, ein freundlicher Satz oder ein süffisanter Blick, um den Süchtigen dazu zu bringen, sich wahnsinnig in die Person zu verlieben, von der er denkt, dass er den Partner seiner Träume gefunden hat. Tatsächlich widmet der Narzisst der abhängigen Person in der Umwerbungsphase und in den ersten Monaten der Beziehung meist viel Aufmerksamkeit: Er gibt ihr das Gefühl, geliebt, verwöhnt und wichtig zu sein. Er ruft sie oft an, macht ihr ständig Komplimente und befriedigt ihr Bedürfnis nach Liebe auf perfekte Art und Weise. Nachdem er jedoch seine völlige Hingabe und Unterwerfung erlangt hat, "gewährt" er immer weniger Liebe und Aufmerksamkeit und weckt in der abhängigen Person die Angst vor Verlust und Verlassenheit.

Verängstigt von der Vorstellung, den Traumpartner zu verlieren, wird die abhängige Person dem Narzissten immer mehr Aufmerksamkeit schenken, in der Hoffnung, dass alles wieder so wird, wie es war. Sie geben sich dem Narzissten voll und ganz hin, erfüllen alle seine Forderungen, ertragen seine Kritik und Unzufriedenheit und geben sich selbst die volle Schuld an der Unzufriedenheit ihres Partners.

Ein narzisstischer Mensch ist für Süchtige wie ein "Spiegel für die Lerchen"; seine "betörende" Art fasziniert sie und lässt sie glauben, dass sie endlich jemanden gefunden haben, der ihre emotionale Leere ausfüllen kann. Narzissten sind jedoch unfähig, Empathie zu empfinden. Sie werden nie in der Lage sein, die Liebeswünsche der Person zu erfüllen, die unter emotionaler Abhängigkeit leidet und die Beziehung auf schmerzhafte und gequälte Weise erlebt. Sie werden Momente der Entmutigung, Einsamkeit und Angst mit kurzen Momenten der Freude abwechseln, die der Narzisst gewährt, um die Unterwerfung der abhängigen Person unverändert aufrechtzuerhalten.

Der Narzisst ist zu sehr mit sich selbst beschäftigt, um sich über die verheerenden Auswirkungen seines egozentrischen Verhaltens auf seinen Partner Gedanken zu machen. Während sie sich um eine stabile und exklusive Beziehung bemüht, verbringt der Narzisst seine Zeit damit, Bestätigung und Anerkennung außerhalb der Beziehung zu sammeln. Das verstärkt nur das Gefühl der Geringschätzung und Wertlosigkeit der abhängigen Person, die zusehen muss, wie ihr Partner jeden mit Komplimenten, galanten Sprüchen und intensiven Blicken überhäuft, um Anerkennung und Bewunderung für seinen eigenen Charme und Wert zu bekommen.

Dem Narzissten ist das Leid der abhängigen Partnerin völlig egal, er weiß, dass sie ihn nie verlassen wird, egal wie tief er sie verletzt. Selbst wenn die abhängige Person, erschöpft von der ständigen Kritik und dem Verhalten des Narzissten, droht, die Beziehung abbrechen zu wollen, müsste der Narzisst ihr nur ein paar Streicheleinheiten geben oder ein paar süße Worte sagen, um sie sofort wieder in einen Zustand der Unterwerfung zu bringen.

Menschen, die unter emotionaler Abhängigkeit leiden, neigen besonders dazu, selbst die grausamsten Handlungen zu rechtfertigen und zu verzeihen, um ihren geliebten Menschen nicht zu verlieren. Sie leben in der Illusion, dass sich die Dinge ändern können und dass ihr Partner oder ihre Partnerin die Hingabe und Liebe, die sie erhalten, irgendwann erkennen und anfangen wird, ihre Liebe zu fühlen und auszudrücken.

Tief im Inneren "spürt" die abhängige Person, dass das Bedürfnis des Narzissten, andere zu unterwerfen, nur ein Spiegelbild seiner eigenen emotionalen Zerbrechlichkeit ist, und denkt, dass sie ihm helfen kann, indem sie ihm Fürsorge und bedingungslose Liebe anbietet. Das ist der Grund, warum "narzisstisch-abhängige" Beziehungen, obwohl sie schmerzhaft sind, lange halten: Die abhängige Person glaubt, dass sie den Narzissten "retten" und seine emotionalen Wunden "heilen" kann.

Für Menschen, die unter emotionaler Abhängigkeit leiden, ist es extrem schwierig, dem Charme einer narzisstischen Person zu widerstehen. In ihren Augen besitzt die narzisstische Person alle Eigenschaften, die sie selbst gerne hätte: Stärke, Selbstvertrauen, Charisma. Es ist genau diese Illusion, die Süchtige dazu bringt, in giftigen Beziehungen gefangen zu sein, die ihnen so viel Schmerz bereiten und ihr Selbstwertgefühl zerstören. Die einzige Möglichkeit, der emotionalen Falle des Narzissten zu entkommen und nicht mehr unter der Liebe zu leiden, ist, die emotionale Abhängigkeit aufzulösen, und damit wirst du bald beginnen.

TEIL ZWEI
STRATEGIEN

WIE MAN SICH VON EMOTIONALE ABHÄNGIGKEIT

Sich aus der emotionalen Abhängigkeit zu befreien, ist ein Prozess, der eine intensive Selbstbeobachtung erfordert, bei der man alle Ereignisse, Konditionierungen, Ängste und einschränkenden Überzeugungen erkennen und auflösen muss, die das Bedürfnis nach Liebe hervorgerufen und über die Zeit genährt haben. Man muss bereit sein, mutig in sich hineinzuschauen, seine Schwächen und Fehler zu akzeptieren, aus vergangenen Fehlern zu lernen und ein neues Leben voller freudiger Momente und gesunder, dauerhafter Beziehungen zu beginnen.

Um dir auf dieser Reise der "emotionalen Heilung" zu helfen, zeige ich dir zwei der Techniken, die ich im Kurs "Die fünf Wunden heilen" anwende, den du unter www.ipnosintesi.it findest. Ich werde nicht im Detail auf die Ursprünge und die Funktionsweise der beiden Techniken eingehen. Mein Ziel ist es, dass du lernst, wie du sie schnell und richtig einsetzt. Auf diese Weise wird es dir leichter fallen, die emotionalen Blockaden, Glaubenssätze und selbstsabotierenden Verhaltensweisen zu beseitigen, die dazu geführt haben, dass du in der Liebe gelitten hast.

Ich lade dich ein, die Übungen, die ich für dich vorbereitet habe, sorgfältig auszuführen. Es sind wichtige Übungen, die dir helfen, dir deiner Denkweise, der mentalen Konditionierung, die dir von anderen auferlegt wurde, und der einschränkenden Glaubenssätze, die du im Laufe der Zeit aufgebaut hast, bewusst zu werden.

Diese "Dekonstruktionsphase" ist entscheidend. Erst wenn du die Ursachen der Sucht beseitigt hast, kannst du die Verhaltensmuster entwickeln, die für Freude und Erfolg in der Liebe notwendig sind.

DIE ERSTE STRATEGIE: KLOPFEN

Klopfen, auch bekannt als "Technik der emotionalen Freiheit", ist inspiriert von der Gedankenfeldtherapie des Psychotherapeuten Roger Callahan. Sie besteht aus der Stimulierung bestimmter Akupunkturpunkte, die sich auf den Energiemeridianen unseres Körpers befinden; echte Kreisläufe, in denen unsere Lebensenergie fließt.

Oft führen unangenehme Situationen im Leben zu einer Unterbrechung des Energieflusses in den Meridianen und begünstigen so das Auftreten von Unbehagen und Ärger, den wir auf körperlicher und emotionaler Ebene erleben. Um dieses Konzept besser zu erklären, werde ich eine Metapher verwenden. Stell dir einen Fluss voller Müll vor. Wenn es zu viel Abfall gibt, gibt es Bereiche, die stark verstopft sind (Trauma), in denen sich Wasser ansammelt (Energieüberschuss), und andere, in denen kein Wasser ankommt (Energiemangel). Das Gleiche passiert in unseren Energiemeridianen. Wenn wir von schmerzhaften Situationen überwältigt werden, sind wir mit einer intensiven Energieladung aus Gedanken, Gefühlen und körperlichen Empfindungen überladen. Die Meridiane tun ihr Bestes, um die überschüssige Energie auszuspülen, aber manchmal ist die Energie so üppig, dass sie einen echten Stau verursacht. Mit Klopfen kannst du überschüssige Energie loslassen und dein ursprüngliches Wohlbefinden wiedererlangen.

WIE FUNKTIONIERT DAS ANZAPFEN?

Beim Klopfen werden bestimmte Punkte im Gesicht und am Körper mit den Fingerspitzen beklopft.

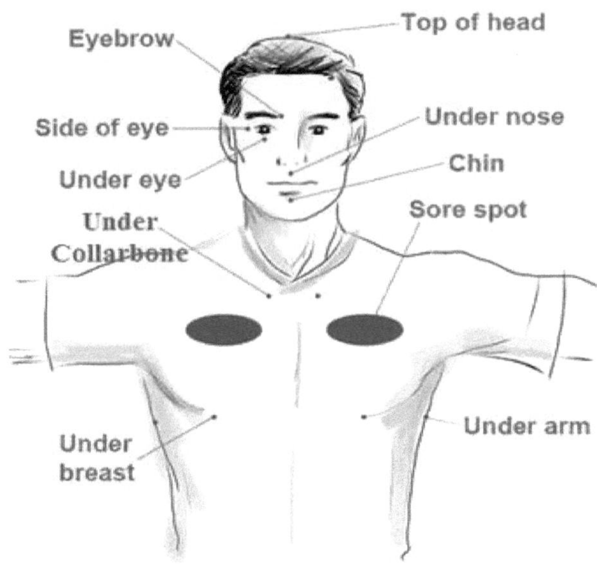

Durch die Stimulierung dieser Punkte ist es möglich, alle überschüssigen Emotionen, die die Meridiane blockieren, "loszulassen", sodass die Lebensenergie frei im Körper fließen kann.

Beginne mit dem Klopfen vom <u>Karate-Punkt, der </u>sich auf der Hand befindet. In dieser Anfangsphase ist es sinnvoll, einen kurzen Satz zu wiederholen, der den Veränderungsprozess einleitet. Ich werde den ganzen Prozess später im Detail erklären.

Der zweite Punkt, den es zu stimulieren gilt, befindet sich über dem Kopf. Du kannst diesen Punkt mit allen Fingerspitzen oder der Handfläche antippen.

Der dritte Punkt befindet sich am Anfang der Augenbrauen. Es ist ratsam, den Punkt an der linken und rechten Augenbraue gleichzeitig zu stimulieren. Ich schlage vor, den Zeige- und den Ringfinger zu benutzen. Auf diese Weise kannst du mit deinem Mittelfinger einen sehr wichtigen Energiepunkt massieren: das "dritte Auge".

Der vierte Punkt befindet sich an der Außenseite des Auges. Um diesen Punkt zu stimulieren, benutzt du einfach die Fingerspitzen deines Zeige- und Mittelfingers.

Der fünfte Punkt liegt unter dem Auge, genau dort, wo der Wangenknochen beginnt. Auch hier kannst du die Fingerspitzen deines Zeige- und Mittelfingers benutzen.

Der sechste Punkt befindet sich unter der Nase, genau zwischen der Nase und der Oberlippe. Benutze immer deinen Zeige- und Mittelfinger.

Der siebte Punkt befindet sich am Kinn, genau an der konkaven Stelle, die gemeinhin als "Grübchen" bekannt ist. Auch hier musst du deinen Zeige- und Mittelfinger benutzen.

Der achte Punkt befindet sich direkt unter dem Schlüsselbein. Es ist gut, die Punkte auf beiden Seiten des Körpers zu stimulieren, indem du abwechselnd klopfst und alle Fingerspitzen benutzt.

Der neunte Punkt befindet sich unter dem Arm, auf der Höhe des Brustmuskels. Dieser Punkt sollte mit den Fingerspitzen aller Finger stimuliert werden.

Der zehnte und letzte Punkt liegt unter dem Brustmuskel. Die Fingerspitzen aller Finger sollten verwendet werden, um diesen Punkt zu stimulieren.

Am Ende der Klopfsequenz ist es immer hilfreich, ein oder zwei tiefe Atemzüge zu machen.

ÜBUNG: FINDE DEINE EINSCHRÄNKENDEN GLAUBENSSÄTZE

Bevor du mit dem Lesen dieses Kapitels beginnst, solltest du dir ein paar Minuten Zeit nehmen, um dir einzuprägen, welche Akupunkturpunkte du mit dem Klopfen stimulieren willst. Das wird es dir viel leichter machen, die Übung durchzuführen, die ich dir jetzt vorstelle.

Nimm dir einen Stift, such dir einen ruhigen Ort und fang an, all deine einschränkenden Glaubenssätze und Überzeugungen über das Alleinsein, über die Liebe und über dich selbst aufzuschreiben; zusammen mit all den Phrasen und Sprichwörtern über die Liebe, die du seit deiner Kindheit gehört hast.

Nimm dir Zeit für diese Übung. Je mehr Phrasen und Glaubenssätze du findest, desto schneller kannst du emotional unabhängig werden. Bitte gehe nicht zum nächsten Kapitel über, ohne vorher diese Übung gemacht zu haben, denn sonst verlierst du die Reihenfolge unserer gemeinsamen Arbeit.

Um dir die Durchführung dieser Übung zu erleichtern, habe ich beschlossen, dir als Beispiel einige der Sätze und Überzeugungen zu nennen, die während der letzten Ausgabe des Kurses "Die fünf Wunden heilen" aufgetaucht sind.

Begrenzende Glaubenssätze und Überzeugungen über das Alleinsein

- Allein sein ist gefährlich.
- Wenn ich allein gelassen werde, kann ich sterben.
- Wenn ich keinen Partner habe, bin ich ein Versager.
- Alleine macht es keinen Spaß.
- Einsame Menschen sind traurig und hässlich.
- Wenn ich allein gelassen werde, bin ich verloren.

Begrenzende Glaubenssätze und Überzeugungen über die Liebe

- Ich muss perfekt sein, um Liebe zu verdienen.
- Liebe ist Leiden.
- Wenn ich mich zeige, wie ich bin, werde ich zurückgewiesen.
- Wenn ich nicht allein sein will, muss ich mich mit dem begnügen, was ich vorfinde.
- Männer sind alle gleich.
- Wenn er mich verlässt, bin ich am Ende.
- Ich kann nicht ohne ihn leben.
- Er ist mein ganzes Leben.
- Ohne ihn bin ich nichts.

Begrenzende Glaubenssätze und Überzeugungen über dich selbst

- Ich bin nicht fähig.
- Ich bin hässlich.
- Ich bin unattraktiv.

- Ich kann keine Fehler machen.
- Ich bin unbedeutend.
- Ich bin nicht schlüssig.
- Ich kann einen Mann nicht halten.
- Ich schaffe es nicht allein.
- Ich brauche die Hilfe von anderen.
- Die anderen sind besser als ich.
- Andere können Dinge besser als ich.
- Ich bin schwach.
- Ich bin zerbrechlich.
- Ich bin hilflos.
- Ich bin ein Opfer.
- Ich werde missverstanden.
- Ich bin ein Pechvogel.
- Das Universum/Gott hat es auf mich abgesehen.
- Ich bin ein Versager.
- Ich bin es nicht wert, geliebt zu werden.
- Ich bin fett.
- Ich bin nicht attraktiv genug.
- Ich bin nicht klug genug.
- Ich bin transparent.
- Niemand beachtet meine Meinung.
- Ich zähle für nichts.
- Niemand hört mir zu.
- Andere sehen mich nicht.
- Ich muss anderen gefallen, um geliebt zu werden.
- Andere sind wichtiger als ich.

- Ich muss mich um andere kümmern: Eltern, Partner, etc.
- Wenn ich nur an mich und meine Bedürfnisse denke, halten mich andere für egoistisch und schlecht.
- Wenn ich sage, was ich denke, kann ich andere verletzen.

Sprichwörter und Redewendungen über die Liebe

- Liebe ist nicht schön, wenn sie nicht zänkisch ist.
- Liebe ist Leiden.
- Wahre Liebe triumphiert immer.
- Um geliebt zu werden, muss man leiden.
- Wahre Liebe gibt es nicht.
- Das Herz will, was das Herz will.
- Wer aus Liebe leidet, fühlt keinen Schmerz.
- Große Liebe großer Schmerz.
- Liebe ist blind.
- Wer gut liebt, straft gut.
- Wahre Liebe muss immer wehtun.

Ratschläge, Meinungen und Bewertungen von Eltern, Verwandten, Freunden und Bekannten

- Wir sind geboren, um zu leiden.
- Mit dem Charakter, den du hast, wirst du allein sein.
- Versuche, so gut zu sein wie deine Schwester.
- Um etwas zu erreichen, musst du leiden.
- Er, der dich liebt, lässt dich leiden.
- Gute Kinder sind gehorsam und vernünftig.

- Männer müssen immer verwöhnt und zufrieden sein, sonst gehen sie weg.
- Wenn du eine dauerhafte Beziehung führen willst, musst du die Kunst des Schweigens lernen.

Schreibe hier deine Glaubenssätze und einschränkenden Überzeugungen über das Alleinsein auf.

____

____

____

____

____

____

____

____

Schreibe hier deine Glaubenssätze und einschränkenden Überzeugungen über die Liebe auf.

Schreibe hier deine einschränkenden Glaubenssätze und
Überzeugungen über dich selbst auf.

Schreibe hier die Redewendungen und Sprichwörter über die Liebe auf, die du kennst.

Schreibe hier die Ratschläge, Meinungen und Bewertungen
auf, die du von Eltern, Verwandten, Freunden und
Bekannten erhalten hast.

WIR BENUTZEN TAPPING NEUTRALISIEREN EINSCHRÄNKENDE GLAUBENSSÄTZE

Endlich ist es an der Zeit, das Klopfen anzuwenden, um dich von den einschränkenden Glaubenssätzen und Überzeugungen zu verabschieden, die du in der vorherigen Übung identifiziert hast. Wähle zunächst eine der Überzeugungen über das Alleinsein aus, die für dich am ehesten zutrifft, z.B. "Alleinsein ist gefährlich". Frage dich: "Wie wahr ist dieser Glaube für mich? "Gib ihm einen Wert auf einer Skala von 1-10.

Beginne nun, den Karatepunkt zu stimulieren. Klopfe mit deinen Fingerspitzen und sage diesen Satz: "Auch wenn ich diese Überzeugung habe (du kannst die Überzeugung laut aussprechen oder sie einfach nur denken), kann sich das alles ändern, und es ändert sich jetzt, während ich es beobachte". Stimuliere den Karatepunkt etwa zehn Sekunden lang und wiederhole dann, während du weiter klopfst, den Satz: "Auch wenn ich diese Überzeugung habe (wiederhole Überzeugung), kann sich das alles ändern und es ändert sich jetzt, während ich es beobachte".

Tippe ein bisschen mehr auf den Karate-Punkt. Wiederhole dann zum dritten Mal den Satz: "Auch wenn ich diese

60

Überzeugung habe (wiederhole Überzeugung), kann sich das alles ändern, und es ändert sich jetzt, da ich es beobachte".

Warum ist es so wichtig, den Satz dreimal zu wiederholen? Und warum ist es wichtig, den Karatepunkt so lange zu stimulieren? Der Grund dafür ist einfach. Um die gewünschte Veränderung herbeizuführen, muss zunächst die so genannte "energetische Umkehrung" neutralisiert werden, d.h. der Versuch der Selbstsabotage, den dein Unbewusstes unternimmt, um das unerwünschte Verhalten aufrechtzuerhalten.

Nachdem du den Karatepunkt ausreichend stimuliert hast, beginne damit, den Punkt über dem Kopf zu klopfen. Mach das mindestens zehn Sekunden lang.

Klopfe nun wieder zehn Sekunden lang auf die Punkte an den Augenbrauen. Als Nächstes tippst du auf die Spitze an der Außenseite des Auges.

Während du die Stelle beklopfst, wiederholst du diesen Satz: "Ich lasse jede emotionale Bindung an diesen Glauben und seine Bedeutung für mich los.

Klopfe nun zehn Sekunden lang auf die Stelle unter dem Auge, unter der Nase und am Kinn.

Stimuliere nun abwechselnd die Punkte unter den Schlüsselbeinen. Während du das tust, wiederholst du diesen Satz: "Ich gebe die Energie frei, die in diesem Schrank übrig ist".

Zum Schluss klopfst du den Punkt unter dem Arm und den Punkt unter dem Brustbein. Schließe die Sequenz mit einem tiefen Atemzug ab.

Achte auf die Veränderungen, die in deinem Energiesystem eingetreten sind. Achte auf Anzeichen, die auf den freien Fluss der Energie in dir hinweisen.

Ich möchte auch, dass du darauf achtest, was sich in deiner Wahrnehmung der Wahrhaftigkeit deines Glaubens verändert hat. Für wie wahr hältst du sie, jetzt, wo du die Klopfsequenz abgeschlossen hast?Wenn du die Übung gut gemacht hast, wird der Glaubenswert zwischen 0 und 2 liegen.

Wenn die Punktzahl immer noch hoch ist, wiederholst du die gesamte Klopfsequenz, wobei du immer mit dem Karatepunkt beginnst.

Ich möchte, dass du in den nächsten Tagen übst, alle Überzeugungen, die du auf dem Papier notiert hast, zu zerstören.

Beginne damit, die Überzeugungen, die du für am wahrsten hältst, der Reihe nach zu neutralisieren. Gib jedem Glauben einen Wert von 1 bis 10 und führe dann die Tapping-Sequenz durch. Am Ende der Sequenz bewertest du erneut die Glaubwürdigkeit des jeweiligen Glaubens. Wenn der Wert zwischen 0 und 2 liegt, schließe diesen neuen Glauben aus; andernfalls wiederhole die gesamte Tapping-Sequenz so lange, bis der Glaubwürdigkeitswert auf 0 oder 1 gefallen ist.

DIE ZWEITE STRATEGIE: ENERGIE- SÄTZE

Jetzt ist es an der Zeit, dir eine weitere sehr effektive Technik vorzustellen, die die energetische Kraft von Worten nutzt, um Traumata, Ängste und einschränkende Glaubenssätze aufzulösen.

Alle Worte, die wir sprechen, haben ihre eigene energetische Frequenz, die die Art, wie wir denken und handeln, beeinflusst und bestimmt. Der Wissenschaftler Masaru Emoto hat gezeigt, wie die Schwingungsenergie von Worten die Struktur von Wassermolekülen verändern kann.

Aus den zahlreichen Fotos, die der Wissenschaftler gemacht und veröffentlicht hat, geht hervor, dass süße und liebevolle Worte in der Lage sind, schöne und harmonische Kristalle zu schaffen, während harte und verächtliche Worte zu unförmigen und hässlichen Kristallen führen. Da unser Körper im Durchschnitt zu 70 % aus Wasser besteht, verstehst du, wie die Worte, die du hörst, eine tiefgreifende Wirkung auf dein inneres Wohlbefinden haben können.

Gleich zeige ich dir, wie du die Macht der Worte nutzen kannst, um all die Erinnerungen, Glaubenssätze und Konditionierungen loszulassen, die in dir eine emotionale Abhängigkeit hervorgerufen haben. Bevor wir jedoch mit der Dekonstruktion von Glaubenssätzen beginnen, möchte ich dich bitten, eine kleine Übung zu machen.

Richte deine Aufmerksamkeit für ein paar Sekunden auf deine Atmung. Achte darauf, ob es irgendwelche Hindernisse gibt, die deine Atemfunktion einschränken oder blockieren. Das können Beschwerden im Hals, in der Brust oder in der Nase sein. Gib den Grad der Intensität des Hindernisses auf einer Skala von 1 bis 10 an.

Nachdem du die Intensität des Unbehagens wahrgenommen hast, sprich folgenden Satz laut aus: "Ich nehme all meine Energie, die mit dem verbunden ist, was meine Atmung einschränkt, und bringe sie wieder an den richtigen Platz in mir selbst". Warte ein oder zwei Minuten, damit der Satz Zeit hat, seine Wirkung zu entfalten.

Sprich nun diesen anderen Satz: "Ich entferne alle Fremdenergie, die mit dem verbunden ist, was meinen Atem einschränkt, aus all meinen Zellen, aus meinem ganzen Körper und aus meinem persönlichen Raum, und ich schicke diese Energie dorthin zurück, wo sie wirklich hingehört. Warte noch ein oder zwei Minuten.

Sprich nun diesen letzten Satz aus: "Ich nehme all meine Energie, die mit all meinen Reaktionen auf das, was meine Atmung einschränkt, verbunden ist, und bringe sie zurück an den richtigen Ort in mir". Warte ein paar Minuten und achte dann darauf, was sich an deiner Atmung verändert hat.

Wie sehr hat sich deine Atmung verbessert? Ich wollte dir diese Übung anbieten, damit du die Kraft der Energiesätze sofort erleben kannst, aber auch, um dir ein wertvolles Werkzeug an die Hand zu geben, das dir hilft, wenn du eine Erkältung hast oder wenn du in stressigen Situationen, die Angst und Aufregung verursachen, schwer atmen kannst.

Mit dieser einfachen Übung kannst du sofort die Ruhe zurückgewinnen, die du brauchst, um mit jeder Situation umzugehen.

In diesem Kapitel führe ich dich durch den Prozess der Neutralisierung aller Ängste, insbesondere derjenigen, die mit Einsamkeit und dem Verlust eines geliebten Menschen zusammenhängen.

Der Abbau von Ängsten ist der erste Schritt, um emotional unabhängig zu werden, die richtige Person zu erkennen und den Mut zu haben, eine Beziehung, die sich bereits in der Anfangsphase als giftig oder quälend erweist, schnell zu beenden.

Ängste sind einfach unsere emotionalen Reaktionen auf alles, was wir für gefährlich oder schädlich halten: Menschen oder Situationen, von denen wir denken, dass es besser ist, sich von ihnen fernzuhalten oder sie zu vermeiden. Es gibt drei Arten von Ängsten: erlernte Ängste, übertragene Ängste und ererbte Ängste. Gelernte" Ängste sind solche, die als Folge eines traumatischen Ereignisses entstehen.

Wenn wir zum Beispiel als Kinder Gefahr liefen zu ertrinken, werden wir als Erwachsene sicherlich Angst vor Wasser haben. Um unser Leben nicht zu gefährden, hält uns unser Unterbewusstsein davon ab, uns einer Wasserquelle zu nähern, indem es eine so genannte "Phobie" erzeugt.

Übertragene" Ängste sind solche, die wir aus den Erfahrungen anderer übernehmen: zum Beispiel, wenn wir Bilder von Flugzeugkatastrophen im Fernsehen sehen oder Geschichten über gefährliche Situationen hören, die Freunde oder Familienmitglieder erlebt haben. Und schließlich sind "ererbte" Ängste diejenigen, die zum sogenannten "kollektiven Kulturerbe" gehören, wie zum Beispiel die Angst vor wilden Tieren, die Angst vor Stürmen, die Angst vor der Dunkelheit, usw.

Um die Angst vor dem Verlassenwerden endgültig zu überwinden, müssen neben den traumatischen Ereignissen, die du in deiner Kindheit erlebt hast, auch alle Fantasien beseitigt werden, die sich im Laufe der Zeit um die Begriffe "Verlassenheit" und "Einsamkeit" gebildet haben. Was denjenigen, die unter emotionaler Abhängigkeit leiden, am meisten Angst macht, ist nicht der Gedanke, den Partner zu verlieren, sondern was die abhängige Person sich ausmalt, was mit ihr passieren könnte, wenn ihr Partner beschließt, sie zu verlassen.

Ich lade dich deshalb ein, der Übung, um die ich dich jetzt bitte, deine volle Aufmerksamkeit zu schenken, denn sie wird dir helfen, alle in deinem Unterbewusstsein gespeicherten Fantasien über das Alleinsein und die Möglichkeit, deinen Partner zu verlieren, zu neutralisieren.

Diese Übung kann emotional etwas schmerzhaft sein, deshalb bitte ich dich, sie an einem ruhigen, geschützten Ort durchzuführen.

Stell dir vor, dein Partner verlässt dich oder muss für eine Weile weggehen. Stell dir vor, wie du dich fühlen würdest, was du tun würdest, wie sich dein Leben verändern würde. Notiere alle körperlichen Empfindungen, die du spürst, die Gedanken, die dir durch den Kopf gehen, und die Gefühle, die du empfindest. Als Beispiel führe ich eine Liste von Gedanken und Fantasien an, die du vielleicht auch in dir selbst findest.

Gedanken aus dem "Heal the Five Wounds"-Kurs und den Einzelsitzungen

Wenn er mich verlässt, bin ich verloren.

Ich werde allein sterben.

Keiner wird mich mehr wollen.

Ich werde niemanden mehr finden.

Ich werde allein alt werden.

Es ist schwer, in meinem Alter noch jemanden zu finden.

Das war meine letzte Chance, einen Partner zu haben.

Für mich ist es vorbei.

Ich habe alles ruiniert.

Beispiele für imaginäre Szenarien

Bilder von dir allein und alt.

Bilder von dir allein und krank.

Familienszenen, in denen du allein bist, während alle anderen ein Paar sind und glücklich sind.

Die Fantasien und Gedanken, die ich aufgelistet habe, sind nur einige von Hunderten von Fantasien, denen ich in meinen Ipnosintesikursen und Sitzungen begegnet bin.

Es ist wichtig, dass du dich bemühst, deine eigenen Überzeugungen und Fantasien zu finden.

Schreibe auf, welche Gedanken während der Übung aufgetaucht sind.

Beschreibe die möglichen Szenarien, die du dir während der Übung vorgestellt hast.

1)--

2) --

3)--

4) --

WIR BESEITIGEN ÄNGSTE

Es ist an der Zeit, Ängste zu beseitigen. Zuerst schlage ich jedoch vor, dass du alle Fantasien auflöst, die du durch die vorherige Übung identifiziert hast.

Beginne damit, den Gedanken zu neutralisieren, der dir am meisten Unbehagen bereitet, den Gedanken, der die meisten Emotionen in dir auslöst, zum Beispiel den Gedanken "Ich werde allein alt werden". Notiere das Unbehagen, das dieser Gedanke in dir auslöst, und die körperlichen Reaktionen, die er in dir auslöst, und bewerte dann das Unbehagen auf einer Skala von 1 bis 10.

Nachdem sie das Unbehagen erkannt und gemessen hat, spricht sie diesen Satz aus: "Ich nehme all meine Energie, die mit der Fantasie, allein alt zu werden, und mit dem, was sie für mich darstellt, verbunden ist, und ich bringe diese Energie zurück an den richtigen Ort in mir". Warte ein oder zwei Minuten, um dem Satz Zeit zum Handeln zu geben. Dann sprich diesen anderen Satz: "Ich entferne alle Fremdenergie, die nicht zu mir gehört und mit der Vorstellung verbunden ist, allein alt zu werden, aus all meinen Zellen, aus meinem ganzen Körper und aus meinem persönlichen Raum und schicke sie dorthin zurück, wo sie wirklich hingehört."

Warte noch ein oder zwei Minuten. Sprich danach diesen letzten Satz laut aus: "Ich nehme all meine Energie, die mit all meinen Reaktionen auf diese Fantasie, allein alt zu werden, verbunden ist, und lege sie wieder an den richtigen Platz in mir selbst".

Warte ein paar Minuten und notiere, was sich in dir bezüglich der Vorstellung, allein alt zu werden, verändert hat. Bewerte den Grad des Unbehagens erneut auf einer Skala von 0 bis 10. Nutze die Energiesätze, um alle Fantasien zu neutralisieren, die in der vorherigen Übung aufgetaucht sind, und bewerte immer den Grad des körperlichen und emotionalen Unbehagens vor und nach den Sätzen.

Nachdem du alle Fantasien, die mit den aufgetauchten Gedanken zusammenhängen, aufgelöst hast, verwende die Energiesätze, um auch die Szenarien aufzulösen, die du dir vorgestellt hast.

Beginne immer mit dem Szenario, das die stärkste Reaktion in dir auslöst, z.B. das Bild von dir alt und allein. Beobachte, was du fühlst, wenn du dir diese Szene vorstellst, welche Empfindungen du in deinem Körper spürst, welche Gefühle in dir auftauchen: Traurigkeit, Wut, Angst? Schätze ein, wie viel Stress dieses Szenario in dir auslöst, indem du wieder eine Skala von 0 bis 10 verwendest; beginne dann, die Sätze zu sagen.

Satz 1: "Ich nehme alle meine Energie, die mit dieser Szene von mir alt und allein verbunden ist, und mit dem, was diese Szene für mich im Innersten repräsentiert, und ich bringe diese Energie zurück an den richtigen Ort in mir".

Warte ein oder zwei Minuten, um dem Satz Zeit zum Handeln zu geben.

Satz 2: "Ich entferne alle Fremdenergie, die nicht mir gehört, die mit dieser Szene von mir alt und allein verbunden ist, aus all meinen Zellen, aus meinem ganzen Körper und aus meinem persönlichen Raum, und ich schicke diese Energie dorthin zurück, wo sie wirklich hingehört". Warte ein oder zwei Minuten.

Satz 3: Ich nehme alle meine Energie, die mit all meinen Reaktionen auf diese Szene von mir alt und allein zusammenhängt, und ich bringe diese Energie zurück an den richtigen Ort in mir.

Warte noch ein paar Minuten und bewerte dann erneut, wie viel Stress das gewählte Szenario in dir auslöst, indem du eine Skala von 0 bis 10 benutzt. Wenn der neue Stresslevel einen Wert zwischen 0 und 2 hat, kannst du eine weitere Fantasie auflösen. Andernfalls wiederholst du die energetischen Sätze zum gleichen Szenario und achtest dabei auf die Details, die dein Interesse wecken. In der Szene von dir, alt und allein, könnte dir zum Beispiel das Bild von dir im Bett oder das Bild eines bestimmten Objekts besonders aufgefallen sein: eine Decke, das Foto eines Ex-Freundes usw. In diesem Fall fügst du beim Aufsagen der Sätze das Detail hinzu, das dir aufgefallen ist.

DIE 10 TIPPS ZU SEIN GEFÜHLSMÄßIG UNABHÄNGIG

SETZE DICH IMMER
AN DIE ERSTE STELLE

In Trapani, meiner Heimatstadt, gibt es eine Tradition. Im August machen sie eine Wallfahrt zum Marienheiligtum "Maria SS. Annunziata". In den ersten beiden Augustwochen kommen Hunderte von Pilgern aus ganz Sizilien zum Heiligtum, um zu beten und um "Gnaden" zu bitten.

Im Inneren der Basilika befindet sich eine sehr schöne Statue der Madonna mit Kind, die die Gläubigen dank der kleinen Stufen auf der Rückseite der Statue zu küssen und zu streicheln gewohnt sind. Die Statue der Madonna zu küssen ist eine alte Tradition in Trapani, die vom Vater an den Sohn weitergegeben wird.

Vor ein paar Jahren, während der "vierzehn Tage", nahm eine Freundin von mir ihren zweieinhalb Jahre alten Enkel mit, um "die Muttergottes zu besuchen". Als sie bei der Marienstatue ankamen, schlug mein Freund vor, dass der kleine Junge die Statue küssen und für seinen Vater und seine Mutter beten sollte.

Als das Kind diese Bitte hörte, schaute es meinem Freund direkt in die Augen und rief mit fester Stimme: "Warum muss ich für Mama und Papa beten"? Ich muss für mich beten!" Nachdem er dies gesagt hatte, stieg er die Stufen hinauf, küsste die Statue, betete für ihn und machte sich dann zusammen mit seiner Großmutter auf den Weg zum Ausgang.

Bevor er das Heiligtum verließ, hielt er jedoch noch einen Moment in der Tür inne, um nachzudenken, und bat meinen Freund, zurückzugehen. Es widerstrebte ihr ein wenig, denn das würde bedeuten, dass sie wieder in der Schlange stehen müsste, aber das Kind bestand darauf.

Als sie wieder vor der Marienstatue ankamen, ging der kleine Junge die Stufen zurück, hielt die Statue wieder hoch und rief: "Muttergottes, ich bitte dich für meinen Vater und meine Mutter, ich gehe jetzt".

Ich habe beschlossen, dir diese Geschichte zu erzählen, damit du verstehst, wie wichtig es ist, dich selbst immer an die erste Stelle zu setzen. Der Neffe meines Freundes war erst zweieinhalb Jahre alt und noch nicht vollständig von den gesellschaftlichen Konventionen, Schuldgefühlen und der "Gutmütigkeit" durchdrungen, von denen Erwachsene durchdrungen sind.

Erlaube niemandem, wichtiger zu werden als du, und halte die Bedürfnisse anderer nicht für wichtiger als deine eigenen. Auch du verdienst es, Freude und Aufmerksamkeit zu bekommen, nicht nur dein Partner. Wenn du dich das nächste Mal dabei ertappst, wie du etwas tust, um ihm zu gefallen, frage dich, ob dich das verletzt oder traurig macht. Denke daran, dass auch du ein Recht auf Glück hast.

Jede liebevolle Beziehung sollte unserem Leben etwas mehr hinzufügen.

Wenn du anfängst, dich mit jemandem zu verabreden, breche den Kontakt zu deinen Freunden nicht ab und höre nicht auf, zu deinen üblichen Treffpunkten und Interessengebieten zu gehen. Die Anwesenheit einer neuen Person in deinem Leben sollte etwas sein, das dich bereichert und nicht verarmt.

Wenn du aufhörst, dich um dich selbst und deine eigenen Interessen zu kümmern, wirst du unweigerlich dazu übergehen, dich um die Interessen deines Partners zu kümmern und ihm die Macht geben, dein Leben interessant oder uninteressant zu machen. Du weckst Erwartungen und Hoffnungen, und das führt mit der Zeit zu Unmut und Enttäuschung.

Mach weiter mit dem, was du getan hast, bevor du deinen Freund getroffen hast. Dein Leben wird immer reicher und voller sein, es wird keinen Raum für Erwartungen geben. Du wirst immer glücklich sein, mit und ohne deinen Partner, und das wird dir erlauben, jede Beziehung auf eine neue Art zu erleben.

Wenn du deine Tage mit Aktivitäten füllst, die dir Spaß machen, und mit Dingen, die dich glücklich machen, wirst du keine Zeit haben, die Minuten zu zählen, die dein Partner zu spät kommt, und es wird dir nichts ausmachen, wenn er oder sie seinen oder ihren Leidenschaften nachgeht, weil du dich auch um deine kümmerst.

Das ist das Geheimnis einer glücklichen Beziehung: teilen und sich das Leben des anderen nicht aneignen.

Die abhängige Person neigt dazu, ihr eigenes Leben zu vernachlässigen, um das ihres Partners zu leben. Sie vernachlässigt das, was ihr Freude bereiten kann, in der Hoffnung, dass ihr Partner ihr Momente des Glücks schenkt. Sie vernachlässigen das, was ihnen Freude bereiten kann, und hoffen, dass ihr Partner ihnen Momente des Glücks schenkt.

Versuche, dein Leben voller und interessanter zu machen. Tu jeden Tag etwas, bei dem du dich gut fühlst, führe deine Projekte durch, plane Aktivitäten, die nur dich betreffen, nicht nur solche, die das Paar betreffen.

Um in der Liebe glücklich zu sein, ist es notwendig, ein erfülltes Leben zu haben, ohne zu erwarten, dass jemand anderes es ausfüllt.

PASS AUF DICH AUF

Wir leben in einer Gesellschaft, in der Altruismus und Großzügigkeit als unverzichtbare Werte gelten, als moralische Regeln, die es zu respektieren gilt, selbst auf Kosten des eigenen Wohlbefindens.

Als Kinder wird uns beigebracht, akzeptierend und fürsorglich zu sein und die Bedürfnisse unserer Lieben über unsere eigenen Bedürfnisse zu stellen. Aber sich um andere zu kümmern, bedeutet nicht, sich selbst zu vernachlässigen.

Die Liebe zu uns selbst ist die erste Form der Liebe. Wer nicht in der Lage ist, sich selbst zu lieben, wird auch nie in der Lage sein, andere wirklich zu lieben. Denn wie soll er die wahren Bedürfnisse eines anderen Menschen erkennen, wenn er seine eigenen nicht erkennen und befriedigen kann?

Um dich bei anderen gut zu fühlen, musst du dich zuerst bei dir selbst gut fühlen. Wenn du glücklich und zufrieden mit deinem Leben bist, wirst du bei der Wahl des richtigen Partners wählerisch sein. Es wird dir leicht fallen, die richtige Person zu erkennen, denn du wirst nicht mehr von dem "Bedürfnis" getrieben, jemanden zu finden, der sich um dich kümmert und deine emotionalen Lücken füllt.

Erfülle dir jedes Bedürfnis, verwöhne dich, schenke dir jeden Tag etwas Schönes. Wenn du die Macht zurückgewinnst, dich selbst glücklich zu machen, wirst du nicht mehr erwarten, dass andere das tun, und folglich wirst du keine Momente der Traurigkeit und Enttäuschung mehr erleben.

Beginne jetzt damit, deinem Aussehen, deiner Kleidung, deiner Ernährung und deiner persönlichen Entwicklung mehr Aufmerksamkeit zu widmen. Nutze jede Gelegenheit, das zu tun, was dir gefällt, und gönne dir Momente der Freude und des gesunden Spaßes.

FOLGE DEINEM INSTINKT, NICHT DEINER ANGST

Schon in den ersten Minuten eines Gesprächs kann jeder von uns erkennen, ob die Person, die vor uns steht, der richtige Partner für uns ist; ob er oder sie unser Leben verbessern oder uns in Leid und Ruin führen wird. Ein Satz, ein Blick, eine unwillkürliche Bewegung der Gesichts- und Körpermuskeln reicht aus, um die wahre Persönlichkeit der Person vor uns zu verraten.

Es stimmt, dass nicht alle von uns Gelehrte der verbalen und nonverbalen Sprache sind, aber jeder von uns hat die Fähigkeit, die kommunikativen Signale unseres Gesprächspartners zu entschlüsseln; selbst wenn diese Signale unbewusst gesendet werden. Unser Unterbewusstsein, das den instinktiven Teil von uns darstellt, weiß, wem es vertrauen kann; wenn es "spürt", dass etwas oder jemand nicht vertrauenswürdig ist, gibt es uns Signale.

Was sind diese Zeichen? Es kann ein Unbehagen in der Magengrube sein, ein plötzliches Gefühl der Übelkeit, ein Hindernis auf dem Weg, ein unerwartetes Ereignis, alles, was uns daran hindern kann, zu einem Termin zu gehen oder ein Meeting zu beenden.

Denke einen Moment lang nach. Welche Signale hat dir dein Unterbewusstsein gesendet, bevor du die Affäre mit deinem Partner oder mit einem Ex-Partner, der dich leiden ließ, begonnen hast? Hast du Gefühle von Traurigkeit und Unzufriedenheit, körperliches Unbehagen erlebt?

Deine instinktive Seite weiß, was gut für dich ist und tut alles, was sie kann, um dich zu schützen. Wenn du das nächste Mal eine neue Beziehung eingehen willst, solltest du auf dich selbst hören und deine Gefühle wahrnehmen. Lass dich von deinem Instinkt leiten und nicht von "Bedürfnissen".

Wenn du innerlich "spürst", dass etwas nicht stimmt, nimm es zur Kenntnis und ergreife Maßnahmen. Bestehe nicht darauf, um jeden Preis etwas zum Laufen zu bringen, von dem du weißt, dass es nicht funktionieren wird; das erspart dir unnötiges Leid und Probleme aller Art.

ERWARTE NICHT, DASS DEIN PARTNER ZU ÄNDERN

Die Fantasie, den Partner oder die Partnerin ändern zu können, ist vielleicht eines der gefährlichsten Symptome der emotionalen Abhängigkeit. Es ist genau diese Hoffnung, die Süchtige, vor allem Frauen, dazu bringt, Gewalt und Missbrauch, Demütigung, Verrat und Misshandlung zu ertragen, in dem blinden Glauben, dass sich die Dinge eines Tages ändern werden.

Niemand ist in der Lage, jemanden zu ändern. Menschen ändern sich nur, wenn sie sich ändern wollen, und der Impuls, sich zu ändern, kommt immer von innen, nie von außen. Zu denken, dass du deinen Partner oder deine Partnerin ändern kannst, zu hoffen, dass er oder sie eines Tages erkennt, wie sehr er oder sie dich verletzt hat, darauf zu warten, dass er oder sie Reue zeigt, dich um Vergebung bittet und sich in den perfekten Partner verwandelt, ist eine Utopie.

Wenn dein Partner dich immer wieder verletzt, keine Rücksicht auf deine Gefühle nimmt, dich betrügt oder misshandelt, ist die einzige Möglichkeit, etwas zu ändern, den Partner zu wechseln.

Ich persönlich glaube, dass reine Bosheit etwas sehr Seltenes ist. Ich bin überzeugt, dass es emotionale Turbulenzen und traumatische Erlebnisse sind, die manche Menschen dazu bringen, anderen zu schaden, sich selbst und ihrem Umfeld zu schaden. Es ist jedoch nicht deine Aufgabe, deinen Partner zu "retten", und es ist auch nicht deine Aufgabe, ihn von seinen Verstimmungen zu "heilen".

Deine Aufgabe ist es nur, auf dich aufzupassen, um dich vor einer emotional gefährlichen Beziehung zu "retten", die dein Selbstwertgefühl und deine Fähigkeit, in der Liebe glücklich zu sein, unwiederbringlich beschädigen könnte.

AUCH OHNE PARTNER SPASS HABEN

Wer sagt, dass man ein Paar sein muss, um Spaß zu haben?

Spaß haben zu können, auch wenn man allein ist, ist eines der Geheimnisse einer glücklichen Beziehung, die auf Respekt und der Wahrung des persönlichen Raums beruht.

Wenn du dir Zeit für dich selbst nimmst und deine Interessen pflegst, bist du emotional nicht mehr von deinem Partner abhängig. Du wirst von deinem Leben begeistert sein und du wirst die Macht, dich glücklich zu machen, nicht mehr an andere delegieren.

Das Leben ist zu kostbar, um es im Leid einer komplizierten und lieblosen Beziehung zu verbringen. Versuche, so oft wie möglich nur das zu tun, was dich gut und glücklich macht. Gönne dir jeden Tag einen Moment der Freude. Sieh dir einen lustigen Film an, unterhalte dich mit Freunden, gönne dir einen wilden Tanz vor dem Spiegel oder buche eine entspannende Massage.

Lerne, dich in deiner Gesellschaft wohl zu fühlen. Du bist der einzige Mensch, der dich nie verlassen wird und auf den du immer zählen kannst. Nur du bist in der Lage, dich wirklich glücklich zu machen.

LASS DICH NICHT BEEINFLUSSEN DIE MEINUNG DER ANDEREN

Emotional unabhängig zu sein bedeutet zu lernen, unempfindlich gegenüber den Urteilen und Meinungen anderer zu sein.

Wenn dir jemand einen Rat gibt, frage dich, ob das, was er sagt, mit dem übereinstimmt, was du denkst, was du willst und vor allem mit dem, was du "fühlst".

Egal, wie weise und fair der Ratschlag auch klingen mag, er ist nur eine Meinung. Es ist die Meinung von jemandem, der nicht du bist, der nicht "in deinen Schuhen steckt", wie unsere englischen Freunde sagen, der nicht dein Leben lebt.

Nur du kannst erkennen, was gut für dich ist.

Die einzige Meinung, die zählt, ist deine, denn nur du hast einen Überblick über alle Elemente, die du brauchst, um ein Urteil zu fällen und eine Entscheidung für dein Leben zu treffen.

Lerne, auf deine Gefühle zu hören. Wenn etwas nicht mit deinen Gefühlen übereinstimmt, lass es los.

LIES ERBAULICHE BÜCHER

Ein gutes Buch ist das beste Geschenk, das wir uns selbst machen können. Das richtige Buch zur richtigen Zeit zu lesen, kann manchmal buchstäblich dein Leben verändern.

Wenn wir die Geschichten derjenigen kennen, die dieselben Krisenmomente durchgemacht haben wie wir, die unsere Zweifel und Ängste erlebt haben, fühlen wir uns weniger allein; das gibt uns den Mut, wichtige Entscheidungen und sogar schwierige Wahlmöglichkeiten zu treffen.

Wähle die Bücher, die du liest, sorgfältig aus und fülle, wenn möglich, dein Bücherregal mit Büchern und Handbüchern über persönliches Wachstum und spirituelle Bereicherung.

Lesen ist manchmal der einfachste Weg, sich der eigenen Denk- und Verhaltensmuster bewusst zu werden. Bücher ermöglichen es uns, in uns hineinzuschauen, unser Leben zu untersuchen und zu beschließen, es zu ändern.

Gewöhne dir an, jeden Tag zu lesen, auch wenn es nur ein paar Seiten sind. Wenn du dich auf dein eigenes Leben konzentrierst, wirst du keine Zeit haben, dich auf das Leben deines Partners zu konzentrieren.

ÜBERNIMM DIE SOUVERÄNITÄT ÜBER DEIN LEBEN

Wenn man sich verliebt, neigt man dazu, die geliebte Person in den Mittelpunkt aller Interessen zu stellen, besonders am Anfang der Geschichte. Wenn dein Partner jedoch dein einziges Interesse ist, die "Sonne", um die sich dein ganzes Leben dreht, dann befindest du dich zweifellos in einem Zustand der emotionalen Abhängigkeit.

Wie kannst du die Beziehung wieder ins Gleichgewicht bringen? Es ist ganz einfach: Du musst nur die Souveränität über dein Leben zurückgewinnen.

Gib deinem Partner nicht die Macht, dich glücklich zu machen, gib ihm nicht die Autorität zu entscheiden, wie du dich kleiden, mit wem du dich treffen und wie du dich verhalten sollst. Es liegt nur an dir zu entscheiden, was du anziehst, wen du triffst und welche Projekte du durchführst.

Wenn du klare Grenzen zwischen dir und deinem Partner ziehst, wenn du lernst, "Nein" zu sagen, wenn etwas deine Souveränität bedroht, wirst du nur Menschen anziehen, die deine Rolle anerkennen und deinen Raum und deine Bedürfnisse respektieren.

Emotional unabhängig zu sein bedeutet, dass du dein Zepter und deine Entscheidungsgewalt nicht aus der Hand gibst.

Fang an, dein Leben und deine Entscheidungen wertzuschätzen, feiere die Momente des Erfolgs und die kleinen und großen täglichen Befriedigungen. Erlaube niemandem, auch nur für einen Moment, deine Person und deine Würde zu beschädigen.

VERLIEBT IN DICH

Der einzige Weg, um jemanden wirklich lieben zu können, ist, sich selbst zuerst zu lieben. Wenn wir nicht in der Lage sind, uns selbst zu lieben, wenn wir uns selbst gegenüber nicht vergebend, liebevoll und fürsorglich sein können, wie können wir es dann anderen gegenüber sein? "Liebe deinen Nächsten wie dich selbst", sagte Jesus, nicht "Liebe andere mehr als dich selbst". Die Liebe zu deinem Partner oder deiner Partnerin darf die Liebe zu dir selbst in keiner Weise beeinträchtigen.

Verliebe dich in dich, schenke dir die Aufmerksamkeit und Pflege, die du bisher nur für die Männer, die du geliebt hast, reserviert hast. Höre auf deine Bedürfnisse und Wünsche, verwirkliche deine Ziele, verwöhne dich, mache dir Geschenke und mache dir oft Komplimente.

Fange an, dich im Spiegel mit Liebe zu betrachten und rede mit freundlichen Worten zu dir selbst. Wenn du dich selbst liebst, werden dich auch andere lieben. Wenn du dich selbst nicht liebst, wenn du dich ständig hart verurteilst, wenn du dir selbst die Schuld gibst und deine eigenen Bedürfnisse ignorierst, wie kannst du dann erwarten, dass du anders behandelt wirst als andere? Also liebe dich selbst und fange an, deine Stärken und Qualitäten zu schätzen. Ermutige dich selbst, unterstütze deine Meinung und feuere dich immer an.

Emotionale Abhängigkeit ist wie andere Formen der Sucht etwas Schädliches und äußerst schmerzhaft für diejenigen, die unter ihr leiden.

Alle, die unter emotionaler Abhängigkeit leiden, haben eine schwierige Kindheit mit emotionaler Verlassenheit und mangelnder Aufmerksamkeit hinter sich; Aufmerksamkeit, die sie als Erwachsene verzweifelt von ihren Partnern suchen.

Süchtige leben in der ständigen Illusion, jemanden zu treffen, der sie so sehr liebt, dass sie die emotionale Leere füllen können, die sie immer verzehrt hat. Trotz des verzweifelten Bedürfnisses nach Liebe neigen emotionale Süchtige aufgrund eines psychologischen Mechanismus, der uns dazu bringt, dieselben Leidensbedingungen wie in der Vergangenheit wiederherzustellen, dazu, sich an kalte und distanzierte, manchmal gewalttätige und egoistische Partner zu binden, die unsagbares Leid und ein tiefes Gefühl der Frustration hervorrufen können.

Sich aus der emotionalen Abhängigkeit zu befreien, ist kein einfacher Prozess und geht auch nicht sofort. Man muss den Mut haben, in sich selbst zu schauen und eine Reise der geführten Veränderung zu beginnen, um die schmerzhaften Ereignisse der Vergangenheit zu beseitigen und den Geist auf emotionales Glück umzuprogrammieren.

Frauen, die unter emotionaler Abhängigkeit leiden, haben ein geringes Selbstwertgefühl, neigen dazu, ihre eigenen Fähigkeiten herabzusetzen, idealisieren ihre Partner und geben sich selbst die Schuld für das Scheitern ihrer Beziehungen. Es fällt ihnen schwer zuzugeben, dass sie einen kalten, problematischen und lieblosen Partner gewählt haben. Sie sind überzeugt, dass sie mehr geben und mehr tun müssen, um die Liebe ihres Gegenübers zu verdienen.

Sich selbst lieben zu können und sein Recht auf Glück in der Liebe anzuerkennen, ist der erste Schritt zur Befreiung von emotionaler Abhängigkeit. Sich selbst zu lieben bedeutet, dass man aufhört, sich zu verurteilen, sich die Schuld zu geben und sich unzulänglich zu fühlen. Es bedeutet, nicht mehr zu glauben, dass Liebe etwas ist, das Opfer, Demütigung und Unterwerfung erfordert.

Die Übungen in diesem Handbuch wurden so formuliert, dass du alle einschränkenden Überzeugungen, selbstanklagenden Gedanken und Fantasien, die mit der Angst vor Einsamkeit und emotionalem Verlassenwerden zusammenhängen, auflösen und abbauen kannst. Um schmerzhafte Episoden aus der Vergangenheit zu beseitigen, die noch immer in deinem Bewusstsein verborgen sind, kann es notwendig sein, einige Sitzungen der Ipnosintesi in Anspruch zu nehmen.

Alternativ kannst du dich von mir durch den Kurs "Healing the Five Wounds" (Die fünf Wunden heilen) führen lassen, den du unter www.ipnosintesi.it findest.

Im Laufe des Kurses helfe ich dir Lektion für Lektion dabei, vergangene Ereignisse loszulassen, die eine emotionale Abhängigkeit hervorgerufen und über die Zeit genährt haben. Erst wenn dein Unterbewusstsein von den Erinnerungen an die Verlassenheit befreit ist, kannst du dich endgültig von der emotionalen Abhängigkeit verabschieden.

Ich wünsche dir von Herzen, dass du bald emotional unabhängig wirst, damit du ein glückliches, emotionales Leben voller Liebe und positiver Gefühle führen kannst.

Die Ipnosintesi ist eine außergewöhnliche Technik der geführten Veränderung, die es ermöglicht, in kurzer Zeit und endgültig alle Beschwerden zu beseitigen: körperliche, psychologische und emotionale. Dank der Ipnosintesi kannst du jede Form von Sucht loswerden, jede Art von emotionaler "Blockade" und jedes selbstsabotierende Verhalten beseitigen und so deine Lebensqualität deutlich verbessern.

Ich habe Ipnosintesi nach einem langen Prozess des Studierens, Forschens und Experimentierens entwickelt, der mich oft durch Italien und ins Ausland geführt hat. Ich habe über zehn Jahre damit verbracht, die wichtigsten Hypnoseformen, die wichtigsten Energietechniken und mentalen Programmierungen zu studieren.

Ich habe Neurolinguistisches Programmieren, EFT, Logosynthese, Theta Healing, Matrix Energetic, verbale, nonverbale, medizinische, schnelle, Bühnen-, regressive, dynamische und spirituelle Hypnose gelernt. Ich habe von allen Techniken, die ich studiert habe, das Beste genommen. Das Ergebnis ist eine Technik, die jeder leicht erlernen und täglich als Selbsthilfetechnik anwenden kann.

Was kann mit Ipnosintesi gelöst werden? Mit Ipnosintesi ist es möglich, 90% der Probleme zu lösen, die unser Leben beeinflussen und unser Glück einschränken.

Hier ist eine Liste der häufigsten Beschwerden, die durch die Anwendung von Ipnosintesi gelöst werden können:

- Phobien
- Panikattacken
- Panikattacken
- Körperlicher Schmerz
- Konflikte mit sich selbst und mit anderen (Partner, Eltern, Kollegen)
- Liebeskummer (Rückkehr zum Glück nach einer Trennung oder dem Verlust eines geliebten Menschen)
- Zwanghafte Gedanken
- Nostalgische Einstellung, die das tägliche Leben beeinflusst
- Begrenzende Überzeugungen
- Geringes Selbstwertgefühl
- Wiederkehrende Gewohnheiten und Verhaltensmuster
- Zigarettenabhängigkeit
- Essstörungen
- Schlafstörungen
- Affektive Abhängigkeit
- Die fünf existenziellen Wunden: Ablehnung, Verlassenheit, Verrat, Ungerechtigkeit und Erniedrigung
- Schwierigkeiten, dauerhafte Paarbeziehungen aufzubauen
- Sexuelle Schwierigkeiten, die eine emotionale Ursache haben
- Furcht vor der Zukunft

- Selbstsabotierendes Verhalten
- Schwierigkeiten beim Umgang mit Emotionen (Wut, Angst, Traurigkeit)

Ipnosintesi ist eine äußerst effektive Technik, die jeder in Online- und Präsenzkursen erlernen kann. Emotionale Abhängigkeit kann mit dem Kurs "Healing the Five Wounds" (Heile die fünf Wunden) dauerhaft aufgelöst werden.

Der Kurs " Healing the Five Wounds" gibt den Teilnehmenden die Chance, sich für immer von emotionaler Abhängigkeit und allen anderen Formen der Selbstsabotage zu verabschieden. Dank der angeleiteten Übungen zur mentalen Programmierung kannst du in kurzer Zeit Glück in der Liebe und in allen anderen Zusammenhängen, privat und beruflich, erreichen.

Die Ursache für jedes Scheitern in der Liebe oder in anderen Bereichen des Lebens wird immer auf die fünf existenziellen Wunden zurückgeführt: Verlassenheit, Zurückweisung, Verrat, Ungerechtigkeit und Demütigung. Auch wenn du dir dessen nicht bewusst bist, werden deine Handlungen und Entscheidungen ständig von den Erfahrungen und Überzeugungen deines Unterbewusstseins beeinflusst.

Es ist eine Art mentale Programmierung, die dich dazu bringt, immer auf eine bestimmte Art und Weise zu handeln, dich immer an denselben Partner zu binden und dich immer in denselben Situationen wiederzufinden.

Alle Erfahrungen, die wir von unserer Zeugung an machen, werden aufgezeichnet und in unserem Unbewussten gespeichert. Aus diesen Erfahrungen entstehen unsere Überzeugungen, Verhaltensmuster und alle emotionalen Reaktionen, die die Grundlage unserer Persönlichkeit bilden.

Wenn wir als Kinder positive Erfahrungen gemacht haben, d.h. wenn wir von unseren Eltern genug geliebt wurden, wenn wir ermutigt wurden und Momente der Befriedigung erlebt haben, sowohl emotional als auch zwischenmenschlich, werden wir als Erwachsene automatisch dazu neigen, diese Erfahrungen wieder zu machen. Mit anderen Worten: Wir werden stabile und glückliche Beziehungen haben, wir werden bei der Arbeit immer die richtigen Entscheidungen treffen und wir werden uns mit Menschen umgeben, die uns schätzen und lieben.

Wenn wir uns dagegen als Kinder abgelehnt fühlten und nicht die Aufmerksamkeit bekamen, die wir glaubten, zu verdienen, wenn wir für unsere Initiativen und Fehler bestraft wurden, werden wir als Erwachsene dazu neigen, uns an Partner zu binden, die uns ablehnen oder die uns nicht zufriedenstellen, wir werden es vermeiden, uns zu trauen und bei der Arbeit Initiativen zu ergreifen. Am Ende werden wir uns damit abfinden, ein Leben unter unseren Möglichkeiten zu führen und unsere Misserfolge auf andere, auf Pech oder auf das Schicksal zu schieben. Tatsächlich liegt die Ursache für jedes Problem in unserem Leben in einer emotionalen Wunde, die wir in jungen Jahren erlitten haben.

Wenn wir als Kind das Gefühl hatten, wenig Liebe erhalten zu haben oder verlassen worden zu sein, werden wir als Erwachsene voller Unsicherheiten sein, immer nach Unterstützung von anderen suchen, dazu neigen, uns an kalte und distanzierte Partner zu binden und Abhängigkeiten zu entwickeln, vor allem emotionale Abhängigkeiten.

Wenn wir uns dagegen abgelehnt, unerwünscht und zu viel gefühlt haben, wird es uns schwerfallen, uns durchzusetzen, wenn wir erwachsen sind, und wir werden dazu neigen, uns in unserem Liebesleben und bei der Arbeit immer zurückzustellen. Selbst wenn wir alle notwendigen Fähigkeiten und Qualitäten haben, werden wir in unserer Karriere nicht weiterkommen und es wird uns schwerfallen, eine Beziehung aufrechtzuerhalten.

Wenn wir unter Ungerechtigkeit gelitten haben, neigen wir dazu, uns selbst und anderen gegenüber überkritisch zu sein, wir sind nie mit unseren Ergebnissen zufrieden und haben Schwierigkeiten, mit anderen in Beziehung zu treten. Wenn es hingegen die Wunde des Verrats war, die uns verletzt hat, werden wir eifersüchtig und besitzergreifend sein; wir werden immer damit enden, jede Beziehung und Freundschaft zu ruinieren.

Die heimtückischste Wunde ist jedoch die Wunde der Demütigung, die oft ignoriert oder unterschätzt wird. Es ist die Wunde, die uns dazu bringt, übergewichtig zu sein, die Wünsche und Bedürfnisse anderer an erste Stelle zu setzen, uns selbst zu opfern und Missbrauch und Ungerechtigkeit zu akzeptieren.

Emotionale Wunden entstehen zu einem bestimmten Zeitpunkt in der Kindheit und führen dazu, dass wir einen Abwehrmechanismus entwickeln, der uns dazu bringt, Masken zu tragen. Es sind genau die Masken, die uns dazu bringen, automatische Handlungen auszuführen, um uns vor der Wiederholung der Wunden zu schützen. Das Verhalten, das wir wegen der Masken an den Tag legen, hat jedoch den gegenteiligen Effekt: Wir stellen fest, dass wir die Erfahrung, die wir vermeiden wollten, trotzdem noch einmal machen.

Wer zum Beispiel an der Wunde der Zurückweisung gelitten hat, trägt die Maske des "Flüchtigen". Sie werden vor allen Beziehungen davonlaufen, um nicht Gefahr zu laufen, abgelehnt zu werden, aber es ist genau ihre ausweichende Haltung, die andere dazu bringt, sie abzulehnen.

Diejenigen, die unter der Wunde des Verrats gelitten haben, werden dagegen die Maske des "Kontrolleurs" tragen. Sie ersticken ihren Partner mit Eifersucht und Besitzgier, was oft dazu führt, dass sie Zuflucht in den Armen von jemandem suchen, der ein wenig nachgiebiger ist.

Diejenigen, die die Wunde der Ungerechtigkeit auf besonders schmerzhafte Weise erfahren haben, tragen die Maske des "Starrsinns" und suchen ständig nach Perfektion bei sich selbst und bei anderen. Diese Haltung entfremdet jedoch die Menschen, die ihnen nahe stehen, und lässt sie Momente tiefer Einsamkeit und Enttäuschung erleben.

Wer unter der Demütigung gelitten hat, trägt die Maske des "Masochisten". Er wird immer bereit sein, alles zu tun, um von anderen akzeptiert zu werden, aber seine übermäßig nachgiebige Art wird dazu führen, dass er Momente der Traurigkeit, Demütigung und Respektlosigkeit erlebt.

Schließlich tragen diejenigen, die unter der Wunde der Verlassenheit gelitten haben, die Maske des "Abhängigen" und neigen dazu, sich krankhaft an andere zu binden. Ihr ständiges Bedürfnis nach Liebe führt dazu, dass andere sich unterdrückt und erdrückt fühlen, und treibt sie unweigerlich weg.

Um vollkommen glücklich zu sein, muss man die Fünf Wunden überwinden. Wer sich der existenziellen Wunden, die sein Denken und Handeln leiten, nicht bewusst ist, ist automatischen, selbstsabotierenden Verhaltensmustern ausgeliefert, die von seinem Unterbewusstsein unbewusst ausgeführt werden.

Die Ipnosintesi ermöglicht es, die Fünf Wunden schnell und endgültig zu heilen. Alle, die die Vorteile der Ipnosintesi erfahren haben, ob in Einzelsitzungen oder Kursen, haben unmittelbare Ergebnisse in Bezug auf Selbstwertgefühl, Erfolg und Glück erzielt.

Wenn du mehr über Ipnosintesi erfahren oder den Kurs "Healing the Five Wounds" kaufen möchtest, besuche www.ipnosintesi.it.